CW00351657

Achub Eglwys Sant Teilo

Ailgodi adeilad canoloesol

Cyhoeddwyd gyntaf yn 2009 gan Amgueddfa Cymru,
Parc Cathays, Caerdydd, CF10 3NP, Cymru.
www.amgueddfacymru.ac.uk

ISBN 978 0 7200 0599 8

Golygu a chynhyrchu: Mari Gordon
Dylunio: mopublications.com
Argraffu: Gwasg Gomer
Testun Cymraeg: Meg Elis

Ar gael yn Saesneg fel *Saving St Teilo's: bringing a medieval church to life*,
ISBN 978 0 7200 0598 1.

Datganiad amgylcheddol:
Daw'r holl bapur a ddefnyddiwyd i wneud y llyfr hwn o ffibr pren o fforestydd
cynaliadwy, mae'n gwbl ailgylchadwy, bioddiraddadwy ac nid yw'n cynnwys
clorin elfennol.

Tudalen flaenorol: Ailgread o ddathliad offeren y Sul, yn dangos yr offeiriad yn codi'r offeren.
Mae'r prif was yn dal ymyl ei gasul mewn un llaw a channwyll yn y llall, tra bod dau was arall yn
penlinio mewn gweddi ym mlaen y llun, un ohonynt yn dal thuser ar gyfer arogldarth. Yno hefyd
mae dau gantor, a dau aelod o urdd yn dal canhwyllau. Dethlid yr offeren hefyd gydag un gwas
yn unig, yn aml yn ystod yr wythnos (Isel Offeren), a chyda diacon ac is-ddiacon, pan oeddent ar
gael, yn aml ar y Sul ac adeg gwleddoedd mawr (Uchel Offeren). *Artist: Mark T. James*

Achub Eglwys Sant Teilo

Ailgodi adeilad canoloesol

GOLYGWYD GAN GERALLT D. NASH

LLYFRAU AMGUEDDFA CYMRU 2009

Cynnwys

Entrada

Yn y dechreuad

Cyflwyniad

Gydag agor Eglwys Llandeilo Tal-y-bont, caewyd bwlch y teimlwyd oedd yn bodoli ers amser maith yn Sain Ffagan. Erbyn hyn, ail-godwyd dros ddeugain adeilad, wedi iddynt gael eu datgymalu a'u symud o'u safleoedd gwreiddiol a'u dwyn i'r Amgueddfa, lle maent yn ffynhonnell gwybodaeth a diddordeb i gannoedd o filoedd o ymwelwyr bob blwyddyn. Ond efallai nad yw'n amlwg i'r ymwelwyr hynny fod ail-godi adeiladau yn Sain Ffagan wastad wedi bod yn amodol ar ddwy reol euraid.

Yn gyntaf, mae gan yr Amgueddfa fwy o ddiddordeb yn y cyffredin neu'r nodweddiadol, yn hytrach na'r unigryw. Mae a wnelo hyn â phob haen o gymdeithas, ac y mae'r un mor wir am blasty nodweddiadol ag am fwthyn nodweddiadol. Mae'n bwysig nodi nad oes lle yn Sain Ffagan i adeiladau pensaernïol unigryw. Caiff adeiladau eu dewis am yr hanes sydd ganddynt i'w adrodd yn hytrach nac am unrhyw werth esthetaidd cynhenid a all fod yn perthyn iddynt. Cyd-ddigwyddiad hapus, wrth gwrs, yw cael y ddeubeth. Mae pob adeilad a ail-godir yn Sain Ffagan felly yn cynrychioli mwy nag ef ei hun, ac y mae'n bwysig oherwydd cyfraniad y math hwnnw o adeilad i gymdeithas yn ei holl amrywiaeth.

Yn ail, dim ond adeiladau lle nad oes fawr ddim gobaith neu ddim gobaith o gwbl eu hachub yn y fan a'r lle gaiff eu derbyn i'w hail-godi. Erbyn heddiw, efallai mai rhai adeiladau yw'r unig bethau fydd wedi goroesi yn weddol gyflawn ers yr amser y'u codwyd. Gall yr amgylchedd hanesyddol fu gynt o'u cwmpas fod wedi newid yn llwyr – bydd coedwigoedd wedi crebachu neu ymledu, ffiniau caeau wedi newid, adeiladau cyfagos wedi eu dymchwel neu, ar y llaw arall, hwyrach y bydd adeilad a safai gynt ar ei ben ei hun wedi ei lyncu gan dref fodern yn datblygu; mewn geiriau eraill, gall yr adeilad ei hun erbyn hyn fod allan o gyd-destun ei osodiad gwreiddiol. Serch hynny, dyna lle bu erioed, ac y mae'n dal i gyfrannu i naws y lle. Weithiau, fodd bynnag, bydd rhai adeiladau mewn perygl o droi'n furddunnod neu hyd yn oed gael eu dymchwel yn llwyr, a than amgylchiadau fel hyn, gall yr Amgueddfa gynnig dewis arall a fydd yn eu cadw i'r oesoedd a ddêl.

Gan ddilyn y cyntaf o'r rheolau hyn, bu'r Amgueddfa yn awyddus ers amser i gael eglwys blwyf nodweddiadol. Mae cynrychioli crefydd yng Nghymru yn dod dan gylch gorchwyl Sain Ffagan ac yn amlwg golyga hynny, o leiaf, gael eglwys a chapel anghydffurfiol. Cafodd Capel Pen-rhiw,

capel Undodaidd o orllewin Cymru oedd yn dyddio o ddiwedd y ddeunawfed ganrif, ei agor i'r cyhoedd ym 1956, ac fe wnaeth hyn gynyddu'r angen am eglwys. Er i'r Amgueddfa yn ei dyddiau cynnar gael cynnig eglwysi – gyda Llanrhychwyn, fry yn y bryniau uwchben dyffryn Conwy, yn esiampl nodedig – doedd yr un yn ateb yr holl ofynion.

Trwy gydol y 1970au a'r 1980au, yr oedd mwy a mwy o adeiladau crefyddol Cymru yn colli eu defnydd wrth i gynulleidfaoedd leihau a chostau cynnal gynyddu. Yn ystod y cyfnod hwn, cynigiwyd pedair eglwys i'r Amgueddfa – rhai yn amhosibl o fawr a heb fod yn nodweddiadol o'u bath, ac eraill yn ddim namyn adfeilion heb do. Ond yr oedd Eglwys Sant Teilo o Landeilo Tal-y-bont fel petai yn ateb y meini prawf. Nid oedd ei hangen bellach ar gyfer addoli, ac yr oedd yn faich ar yr Eglwys yng Nghymru. Y gorau y gellid gobeithio ar ei chyfer oedd iddi droi yn adfail dan reolaeth, ac yr oedd hyd yn oed hynny yn ymddangos yn anodd wrth i'w chyflwr ddirywio'n gyflym.

I'r Amgueddfa bryd hynny, rhinweddau mawr Sant Teilo oedd ei bod wedi dianc bron yn gyfan gwbl rhag rhaib adnewyddwyr oes Fictoria neu rai hwyrach ac, o gofio bod ei ffitiadau oedd yn perthyn i ddechrau'r bedwaredd ganrif ar bymtheg wedi eu dinistrio, yr oedd posibilrwydd y gellid ei hadfer i'w gwedd ganoloesol neu ôl-ganoloesol gynnar. Ond hefyd, roedd nodwedd arall oedd yn ennyn cryn ddiddordeb: ymddangosai bod y plastr yn cuddio olion helaeth o furluniau cynnar.

Ac felly y bu.

Eurwyn Wiliam
Dirprwy Gyfarwyddwr Cyffredinol, Amgueddfa Cymru

Pwy oedd Teilo?

Arweinydd crefyddol pwysig oedd Teilo fu'n byw yn ne Cymru yn y chweched ganrif. Fe'i ganed ym Mhenalun, de Sir Benfro, tua 500 OC, ac yr oedd yn cyfoesi â Dewi Sant. Dywedir i'r ddau fod yn ddisgyblion i'r ysgolhaig Pawl Hen (Paulinus) yn Hendy-gwyn yng ngorllewin Cymru. Honnir iddo deithio i Rufain gyda Dewi a Phadarn, lle'u derbyniwyd gan y Pab. Sefydlodd Teilo gymuned grefyddol yn Llandeilo Fawr, a lledaenodd ei ddylanwad trwy'r deheubarth. Yn 547 OC ysgubodd pla dros Brydain gan anrheithio'r boblogaeth a'r da byw. Dihangodd Teilo a'i ddilynwyr i Gernyw, ac oddi yno i ogledd Llydaw, lle'u derbyniwyd gan Samson, Esgob Dol, a hanai'n wreiddiol o Lanilltud Fawr.

Yn ddiweddarach, teithiasant tua'r gorllewin i chwilio am dir lle gallent ymsefydlu. Cytunodd y tirfeddiannwr lleol, Iarll Kastel Gall, i roi iddynt gymaint o dir ag y gallai Teilo ei gwmpasu rhwng cyfnos a gwawr. Ar y noson benodedig, ag yntau ar fin cychwyn, ymddangosodd hydd wrth ei ochr, a dyma Teilo'n marchogaeth arno i hawlio ei dir. Ofnai'r Iarll y byddai'n colli gormod o'i dir, felly dyma ymlid â'i gŵn hela, ond dihangodd Teilo a chuddio mewn coeden dderwen. Yn y pen draw, diffygiodd y cŵn a dychwelyd at eu perchennog, a llwyddodd Teilo i fynd ar ei hynt gyda'r hydd a oedd, yn wyrthiol, wedi ail-ymddangos.

Wedi saith mlynedd a saith mis, daeth diwedd ar y pla a dychwelodd Teilo i Gymru i barhau â'i weinidogaeth Gristnogol. Pan fu farw tua 580 OC, fodd bynnag, cododd penbleth arall. Yr oedd Penalun, lle'i ganed, Llandeilo Fawr, lle sefydlodd ei eglwys gyntaf, a Llandaf, a'i hawliai fel eu hesgob, oll eisiau ei gorff i'w gladdu. Nid oedd modd iddynt gytuno, felly penderfynasant ystyried y peth dros nos a gweddïo am gyfarwyddyd. Pan ddaethant ynghyd eto drannoeth, canfuasant fod y corff, yn wyrthiol, wedi troi'n dri, fel bod modd bodloni pawb.

Tyfodd Teilo yn sant poblogaidd yn y Canol Oesoedd, gydag o leiaf ddeg ar hugain o eglwysi wedi eu cysegru iddo yn ne Cymru, a saith arall yn Llydaw, lle caiff *troménie* St Teilo, gorymdaith hynafol gyda'i greiriau o gwmpas y plwyf, ei chynnal hyd heddiw ym mhentref Landeleau. Fe'i darlunnir fel arfer mewn gwisg esgob yn dal crosier yn ei law chwith ac yn marchogaeth ar gefn hydd.

Gwelir hanes bywyd Teilo yn awr ar y groglofft yn yr Eglwys. Mae'n darlunio'r chwedlau mwyaf poblogaidd am y sant, oll wedi eu cerfio â llaw o un darn solet o dderw. Dethlir dydd Sant Teilo ar 9 Chwefror. Teilo yw nawddsant ceffylau a choed afalau.

(Chwith) Cerflun o St Teilo mewn derw gan Emyr Hughes, yn seiliedig ar gerfluniau canoloesol sydd wedi goroesi yn Llydaw. Byddai cerflun o'r sant y cysegrwyd eglwys iddo fel rheol yn cael ei arddangos gerllaw'r brif allor.

Genesis

Yr hanes

Yr eglwys gyntaf

Pa mor bell yn ôl yr aiff hanes yr eglwys? Mae modd archwilio nifer o ffynonellau. Ymysg y ffynonellau ysgrifenedig y mae cofnodion, megis y blwyddnodau a'r siartrau Cymreig, a ffynonellau naratif, megis bucheddau'r saint. Ymysg y cliwiau archeolegol y mae clystyrau o gerrig ag arnynt arysgrifau canoloesol, neu gerfluniau mewn maen, a mathau o gofadeiladau claddu neu fynwentydd. Mae enwau lleoedd hefyd yn awgrymu safleoedd er nad oes, efallai, unrhyw olion i'w gweld: mae '-llan' yn golygu 'tir caeëdig' a daw'r gair 'merthyr' yn wreiddiol o'r Lladin *martyrium*, 'bedd merthyr'.

Bu'r cadarnhad fod eglwys cyn-Normanaidd gerllaw man croesi'r Afon Llwchwr yn Llandeilo Tal-y-bont yn seiliedig am flynyddoedd lawer ar gyfeiriadau siartr a welir yn *Llyfr Llandaf*. Mae llawer o'r rhain yn cyfeirio at Landeilo Tal-y-bont, naill ai fel *villam sancti teliaui de talipont* neu *Lan Teliau Talypont*, un o bedwar man ym Morgannwg a grybwyllir fel rhai a enwyd ar ôl Sant Teilo. Yn ôl siarter 140 dyddiedig tua 655 OC, 'Dychwelodd y Brenin Meurig a'i wraig Onbraust ... *Lan Teliau Talypont* i'r esgob Euddogwy' (Oudoceus), a roes ei lofnod fel *summus episcopus*. Caiff ffiniau'r ystâd fawr o ryw 4,000 erw eu diffinio gan ymestyn o'r afon Llwchwr at darddiad afon Camffrwd ac oddi yno at yr afon Dulais, pellter o ryw dair milltir.

Daeth y dystiolaeth archeolegol gyntaf am ragflaenydd yr eglwys garreg i olau dydd ym 1999, tra'r oedd rwbel y wal yn cael ei ddidol yng nghyfnodau cynnar y rhaglen ail-godi. Yn y pentwr cerrig gorweddai piler byr o dywodfaen mân, gyda chynlluniau endoredig wedi eu pigo ar un wyneb. O archwilio'r rhain, datgelwyd o leiaf ddau gyfnod o dorri meini. Yn y cyfnod cyntaf, pigwyd croes Ladin linellol seml a dwy groes lai braich-gyfartal gyda dotiau yn y gofod rhyngddynt. Gallasai llawer o feini fel y rhain gyda chroesau wedi eu cerfio arnynt fod yn nodi beddau, er y gallai rhai fod â swyddogaeth wahanol – dynodi tir fel ystâd Gristnogol, neu fod yn ganolbwynt addoli. Mae nifer o groesau endoredig syml yng Nghymru, ac y maent yn anodd eu dyddio. Ar sail ffurf syml y groes a chyfrannedd y garreg, a'i chymharu ag esiamplau o Forgannwg a Sir Gaerfyrddin, mae'n bosibl ei dyddio o'r seithfed i'r nawfed ganrif. Yn yr ail gyfnod, yr oedd rhywun wedi addasu peth ar ddarn canol y groes trwy ymgorffori ynddi lun tarian ar ffurf hanner cylch, gan adael eithafoedd y groes yn ymestyn uwchben ac islaw. Yr oedd y ddwy gofod uwchben braich y groes wedi eu haddurno â phum dot wedi eu drilio, fel ar ddis. Mae motiffau tebyg i'w gweld ar feini o Sir Gaerfyrddin, Sir Faesyfed a Sir Benfro. Mae motiff ar ffurf tarian ('lled-herodrol') hefyd yn digwydd ar garreg o Landudoch yn Sir Benfro, er mai ar ffurf tarian ymryson twrneimant y mae'r enghraifft hwnnw, sy'n dyddio fel

(Y tudalen flaenorol) Sidney ac Olwen Webb (gofalwyr yr eglwys am tua 40 mlynedd hyd at y 60au hwyr) gyda chyfeillion, tu allan i'r eglwys. Tynnwyd y llun tua 1960.
Drwy garedigrwydd Bronwen Webb

Y maen endoredig,
sy'n dyddio o'r
7fed-9fed ganrif,
a ganfuwyd ymhlith
meini eglwys
Sant Teilo.

arfer o'r bymthegfed ganrif. Mae tariannau hanner-cylch yn ymddangos ar y Cyfandir o'r drydedd ganrif ar ddeg ymlaen, a gallasai'r enghraifft yn Llandeilo Tal-y-bont ddyddio o'r cyfnod hwn. Yn nes ymlaen, hwyrach yr ymgorfforwyd y garreg i frithwaith llawr, fel teilsen, onid oedd yn cael ei defnyddio bellach fel piler neu fel marc.

Ar wahân i'r porth, oedd yn dyddio fwy na thebyg o ddiwedd y bymthegfed ganrif neu ddechrau'r unfed ar bymtheg, a phen y gangell, a ail-godwyd ym 1927, mae'r waliau hynny yn yr eglwys a fondiwyd â morter calch yn dyddio o'r drydedd ganrif ar ddeg i ddiwedd y bymthegfed. Ymddengys yn debygol, felly, i'r garreg gael ei defnyddio fel defnydd adeiladu erbyn tua 1500 OC.

Yr eglwys yn ei chefndir canoloesol

Heddiw, gall ymwelydd â hen safle Eglwys Sant Teilo ar lan ddwyreiniol Afon Llwchwr edrych i lawr yr afon a theimlo, efallai, fod y byd cyfan yn llithro heibio ar draffordd brysur yr M4 neu lein reilffordd Llundain Paddington i Aberdaugleddau. Ac eto y tu mewn i furiau gwyngalchog y fynwent fe all rhywun deimlo fod amser wedi aros yn llonydd. Sylwodd ei ficer, Thomas Clarke, ym 1851, ar natur ynysig y lle gan ddweud ei fod 'mewn safle anhydrin i'r eithaf ar lan yr Afon Llwchwr, wedi'i amgylchynu gan Gorstiroedd helaeth, dros ba rai y gorlifa yn aml lanw a llifogydd...'.

Gall yr ymdeimlad hwn o fod yn y diamser, neu hyd yn oed yr awydd i gamu'n ôl mewn amser i fyd canoloesol, fod yn flaenllaw yn y meddwl myfyriol. Mae'r gorlifdir yn amgylchynu tir caëedig yr eglwys, a thir pori'r haf heb newid fawr, efallai, ers y Canol Oesoedd. Yn unig ac eto'n amlwg ar lan yr afon, yr oedd ein heglwys yn gwasanaethu cymuned wasgaredig y mae ei thirwedd amaethyddol ganoloesol bellach wedi ei chuddio gan gaeau ac wedi'i erydu gan arferion amaethyddol cyfoes.

Mae un heneb ganoloesol, sydd dal i'w weld, yn gatalydd i'r cwestiwn 'sut le oedd yma bryd hynny?' Mae'n debyg mai'r nodwedd amlycaf yn y tirwedd adeiledig tua 1200, ac un a gydoesai â'r eglwys garreg betryal gynnar, oedd y castell mwnt a beili gilometr i ffwrdd. Yn nodweddiadol o'i gyfnod, cyfeirir ato dan enwau gwahanol megis Castell Talybont, Banc y Rhyfel, Banc Llwyn Domen a hyd yn oed y Bryn Rhufeinig. Erbyn heddiw, erys y mwnt neu'r domen yn amlwg, ond mae clawdd y beili wedi hen ddiflannu dan yr aradr. Dengys ffotograffau ôl-cnydau ddau adeilad hirsgwar ar ochr ddeheuol y domen. Mae cyfeiriad ym 1353 at *Villa de Talband in qua sunt unum castrum* yn arwydd o gastell carreg, er nad oes meini i'w gweld heddiw. Ar ymyl uchaf codiad o dir i'r de-ddwyrain o'n heglwys, mae'n safle a rydd olygfa eithriadol o'r cwm trwy dri chan gradd a thrigain. Un nodwedd sy'n ymylu ar dreiddio at y domen yw cennad newid y dydd heddiw – y draffordd – wrth iddi ysgubo i lawr i groesi'r afon.

I'r gogledd o'r eglwys yng ngwddf ystum amlwg yn yr afon saif mwnt arall, sef Ystum Enlli. Mwnt yw'r nodwedd orllewinol, a adwaenir hefyd fel Banc Llwyn Domen, sydd wedi ei leoli wrth ryd. Nid oes unrhyw gyfeiriad hanesyddol cadarn at y cestyll hyn ar y lan orllewinol.

Yr allwedd i dirwedd diwylliannol y meddwl canoloesol yw cysylltiadau trafnidiaeth dros fôr, afon a thir. Byddai'r ffiniau ar y tir yn cael eu rheoli a'u hatgyfnerthu gan yr hen gestyll hyn, a'r Afon Llwchwr oedd y ffin a wahanai diriogaeth Carnwyllion oddi wrth Gŵyr.

Mewn Bwl Babaidd ym 1119-31 cyfeirir at ein safle fel *Lan Teiliau talypont*. Yr oedd Iarll Warwick, Henry de Beaumont (b.f. 1119), eisoes wedi sicrhau Gŵyr i'r Normaniaid ac fe roes ffioedd Talybont i Henry de Villers. Mae'n debyg mai ef a sefydlodd Gastell Talybont, y castell ar y lan ddwyreiniol, tua 1115.

Ganrif yn ddiweddarach, yr oedd Castell Talybont yn wenfflam, wedi i Rhys Ieuanc a Llywelyn ab Iorwerth ymosod arno a'i ddinistrio. Byddai'r tywysogion Cymreig yn aml yn ymwthio tua'r dwyrain at y tir hwn oedd newydd ei feddiannu. O hynny ymlaen, cafwyd enw newydd i'r castell – Castell Du.

Y dull o groesi'r afon yw'r cyswllt coll ar y map canoloesol. Mae cyfeiriad at ryd yn Ystum Enlli, tra tybir bod pont, Pontaberdulais, a chwalwyd yn y 1940au, yn dyddio o'r bedwaredd ganrif ar ddeg. A oedd dulliau eraill o groesi? Ddwy fil o flynyddoedd yn ôl, medd un awdurdod diweddar ar y rhwydwaith ffyrdd Rhufeinig, yr oedd y *Via Maritima* yn croesi'r *Leuca* (Llwchwr) yn yr Hendy, tra bod y fferi, sef y prif ddull o groesi'r afon, yng Nghasllwchwr, yn cael ei hamddiffyn gan gaer a harbwr ar y glannau.

O'r system ffyrdd Rufeinig hon y gallwn weld yr olyniaeth ganoloesol. Mae Ffordd y Porthladd yn dilyn y ffordd Rufeinig ac yn dod yn 'brif wythïen hanfodol i'r Normaniaid gyrchu a choncro', concwest a ddygodd yn ei sgîl yr eglwys garreg gyntaf yn Nhal-y-bont, a ffordd arall newydd o fyw i'r brodorion.

Tystiolaeth dan y ddaear

Yn y ddeuddegfed ganrif, cafwyd ymchwydd o godi eglwysi yng Nghymru, gydag adeiladau pren yn cael eu hail-godi mewn carreg. Petaech wedi teithio trwy Gymru yn hanner cyntaf y ganrif, buasech wedi gweld gwlad oedd yn 'disgleirio ag eglwysi gwyngalchog, megis ffurfafen o sêr' yn ôl yr awdl foliant enwog i Gruffydd ap Cynan (b.f. 1137).

Ym mis Gorffennaf 1998 dechreuwyd cynnal cloddio archeolegol ar sylfeini'r eglwys, i geisio atebion i nifer o gwestiynau allweddol am ei ffurf a'i datblygiad cynnar. Nid oedd modd gweld o'r bensaernïaeth weladwy a oedd wal ddwyreiniol y gangell, a ail-godwyd ym 1927, yn gorwedd ar union linell pen dwyreiniol yr eglwys fel yr oedd yn gynnar yn yr unfed ganrif ar bymtheg, neu ynteu a oedd unrhyw dystiolaeth dros gangell lai (neu hwy). Yr oedd y tîm cloddio hefyd eisiau gwybod beth oedd union natur sylfeini'r wal ar wahanol gyfnodau, ac a fu transept cynharach ym mhen dwyreiniol yr ystlys ddeheuol.

Dygodd y project archeolegol hwn staff yr Amgueddfa ynghyd gyda gwirfoddolwyr lleol a myfyrwyr o Brifysgol Cymru, Coleg Gorseinon, Ysgol Gyfun Treforys a pherilglor presennol St Teilo ym Mhontarddulais, y Parchedig John Walters. Cyn i'r cloddio ddechrau, gwnaed arolwg geoffisegol o fannau penodol yn y fynwent gan Labordy Clark o Lundain, gan ddefnyddio radar oedd yn treiddio i'r ddaear. Datgelodd hyn fod cyrff wedi eu claddu yn y pedwar man fu'n destun yr arolwg, yn ogystal â nifer o anomaleddau yn yr eglwys ei hun a allasai fod yn gysylltiedig â gweithgaredd strwythurol. O ddefnyddio taradr o gwmpas y safle, cadarnhawyd fod y tir uchel yn ffurfiant naturiol mewn gorlifdir lle'r oedd prif sianel yr afon wedi ymfudo.

Mae deall ffabrig yr adeilad yn fanwl – megis y waliau, y morter a'r sylfeini – yn rhan hanfodol o unrhyw ymchwiliad cyflawn i ddatblygiad eglwys. Mewn eglwysi sy'n dal i gael eu defnyddio, ambell i gipolwg yn unig sy'n bosibl ar y ffabrig cudd wrth i'r cyfle godi. Gan fod Eglwys Sant Teilo eisoes wedi ei datgymalu, cafwyd cyfle dirwystr i lanhau, cofnodi a dehongli'r adeilad yn ei gyfanrwydd trwy stympiau ei waliau, oedd yn dal yno ar lefel y ddaear. Cynhyrchwyd cynllun manwl, garreg wrth garreg, a chloddiwyd tair o ffosydd 'twll clo' bychan y tu mewn. Tybiwyd mai'r ychwanegiad diweddaraf oedd capel bychan ar ochr ogleddol y gangell, a adwaenid yn ddiweddar fel Capel Gronow. Fodd bynnag, o ddehongli data'r stympiau o waliau, bu'n rhaid newid y dybiaeth am gyfnodau hanes adeiladu'r eglwys yn sylweddol.

Pan fu archeolegwyr yn cloddio rhan o'r mur deheuol yng Ngorffennaf 1998, datgelwyd uniad lle'r ymestynnwyd y capel deheuol i ffurfio eil tua diwedd y 15fed ganrif.

Ni ddaethpwyd o hyd i dystiolaeth strwythurol am eglwys gyn-Normanaidd, ond nid oeddem yn disgwyl hyn, o gofio natur gyfyngedig y cloddio. Yr hyn a gafwyd yn y cyfnod adeiladu cynharaf y gellid ei adnabod oedd corff a changell betryal syml o gerrig sych, a adeiladwyd o glogfeini afon llyfngrwn a blociau rwbel wedi eu hollti. Ychwanegwyd transeptau gogleddol a deheuol at hyn, fwy na thebyg yn y bedwaredd ganrif ar bymtheg neu ddechrau'r bymthegfed (er nad o raid ar yr un pryd), wedi eu codi o rwbl hollt tenau a morter calch. Ychwanegwyd ystlys neu eil ddiwedd y bymthegfed ganrif i wneud lle i'r gynulleidfa oedd yn ehangu, ac mae'n bosibl mai dyma pryd yr addaswyd neu yr ail-godwyd y capel gogleddol. Yn olaf, ychwanegwyd porth i ochr dde yr eil.

Yr eglwys ganoloesol a chymdeithas

Nid yw'n hawdd i'r sawl sy'n byw mewn cymdeithas sydd i raddau helaeth yn seciwlar ddychmygu pa mor ganolog oedd eglwys y plwyf yn y Canol Oesoedd. Dengys llawer ffynhonnell, gan gynnwys rhai llenyddol a hanesyddol, gymaint yr oedd crefydd wedi ei gydblethu â phob agwedd o fywyd. Yr eglwys fel rheol oedd yr adeilad mwyaf a mwyaf arwyddocaol yn y rhan fwyaf o bentrefi, trefi a dinasoedd. Ynddi hi yr oedd y rhan fwyaf o gymunedau wedi buddsoddi fwyaf. Roedd harddwch yr eglwys mor wahanol i tlodni cartrefi'r bobl cyffredin.

Yn y Canol Oesoedd yr oedd yr eglwys yn rhan o bob agwedd o fywyd, o'r geni i farwolaeth. Gofalai'r eglwys am y tlawd a'r sâl. Yr oedd esgobion yn bobl o bwys, yn aml yn gweithredu fel gweinidogion y Goron ac yn berchen ar ystadau mawr. Yn wir, yr oedd yr eglwys, ac yn enwedig y mynachlogydd, yn gweinyddu llawer o ystadau a thiroedd amaethyddol helaeth. Amcangyfrifwyd fod y Sistersiaid yn rheoli tua deg y cant o dir Cymru. Serch hynny, yr oedd y mynachlogydd yn aml yn landlordiaid da a byddai'r plwyfi yn gofalu am eu tlodion.

Roedd amaeth o dan nawdd dwyfol. Ar Ddygwyl Geiliau, yn fuan ar ôl y Nadolig, câi'r aradr ei fendithio. Yn y gwanwyn arweiniai'r offeiriad ei bobl o amgylch y caeau i sicrhau ffrwythlondeb y cnydau, ac ar ddydd Calan Awst rhoddwyd diolch am y cynhaeaf.

Yr oedd y flwyddyn yn troi o gylch y gwyliau crefyddol. Yr oedd dathlu dyddiau arbennig y saint, gyda'u cwrw a'u gwyliau, a llawer o ddyddiau sanctaidd eraill, yn seibiant dymunol iawn i bawb o lafur caled. Un o agweddau mwyaf amhoblogaidd diwygiadau Harri VIII yng nghefn gwlad oedd y ffaith iddo wneud i ffwrdd ym 1536 â llawer o'r gwyliau. Byddai'r flwyddyn yn cychwyn gyda Gŵyl Fair ar 25 Mawrth – arferiad y mae atgof ohono yn ein blwyddyn ariannol ni. Cysylltid yr angen am brynedigaeth a maddeuant â'r gyffes flynyddol adeg y Grawys i'r pentref cyfan, ac yn aml â gweithgareddau penyd – ond weithiau pleserus – fel pererindodau.

Byddai grwpiau bychain o blwyfolion ac unigolion (a gildiau a chymdeithasau'r Eglwys yn yr eglwysi mwy) yn noddi allorau, llestri ac urddwisgoedd yr eglwys, ac yr oedd hyn yn wir hyd yn oed gyda'r eglwysi tlotaf megis Sant Teilo. Yr oedd gorymdeithiau a dramâu miragl yn gyfle i wahanol garfannau a galwedigaethau fynegi eu ffydd ac arddangos eu safle yn y gymdeithas ar yr un pryd. Yr oedd cwlt enfawr offerennau dros yr ymadawedig hefyd yn annatod ynghlwm â chyfoeth a nawdd, a hyn yn aml trwy siantrïau. Yr oedd bywyd eglwysig canoloesol hyd at yr unfed ganrif ar bymtheg yn gyfuniad hudol o'r sanctaidd a'r seciwlar, sydd efallai'n anodd i ni ei ddychmygu heddiw.

Nid at ddefnydd cynulleidfa yn unig yr oedd yr eglwysi. Byddai'r adeilad fel arfer ar agor ddydd a nos, gyda'r pentrefwyr yn arfer 'galw heibio' i weddïo ar eu pennau eu hunain. Gallai unrhyw daith ar dir neu fôr fod yn beryglus, felly byddid yn offrymu gweddi gerbron delw o Sant Cristoffer, nawddsant teithwyr, cyn cychwyn ar y daith. Mewn eglwys ar lan afon yn agos at y môr fel Sant Teilo, byddai'r sawl fyddai'n mynd ar fordaith, neu yr oedd eu bywoliaeth yn dibynnu ar y môr, yn gweddïo gerbron delw o Sant Nicolas, nawddsant morwyr. Ar adeg pan oedd salwch yn beth mor gyffredin, byddid yn offrymu gweddi i Sant Roche, a byddai merched beichiog yn gweddïo ar y Santes Margaret am gael esgor yn ddiogel. Efallai y byddai rhai a dyngasai lw neu a oedd wedi mabwysiadu Rheol Buchedd yn dod yn rheolaidd i'r eglwys; er enghraifft, fe ddeuai grŵp o bobl bob dydd adeg y cyfnos i ganu'r *Salve Regina* (Henffych Sanctaidd Frenhines) gerbron delw o'r Forwyn Fair Fendigaid.

Nid ar gyfer addoli yn unig y defnyddid yr adeilad, chwaith. Gan mai dyma'r adeilad mwyaf diogel a sylweddol, roedd hefyd yn fan cyfarfod ac yn lle i drafod busnes, i gynnal cwest, i gadw gwrthrychau a dogfennau gwerthfawr yn ddiogel a hefyd, os oedd offeiriad y plwyf yn ddigon dysgedig, i ddysgu a meithrin ieuenctid, yn enwedig bechgyn oedd yn cael eu paratoi ar gyfer y weinidogaeth ordeiniedig neu'r bywyd crefyddol. Yr oedd eglwys yn rhan annatod o bob agwedd ar fywyd, ac ni fyddai gan y gwahaniaethau a gymerwn ni yn ganiataol rhwng y sanctaidd a'r seciwlar, rhwng crefydd a bywyd bob-dydd, fawr ddim ystyr o gwbl i'n hynafiaid canoloesol.

Addoli canoloesol

Yr oedd addoliad yn nechrau'r unfed ganrif ar bymtheg yn wahanol iawn i'r hyn ydyw yn y ganrif hon a'r ddiwethaf, o leiaf yn ei ffurf allanol. Er enghraifft, yr ydym ni wedi arfer ag eglwysi yn garreg ar y tu allan ac wedi eu gwyngalchu y tu mewn. Yn gynnar yn y 1500au yr oedd yn fwy tebygol o lawer mai ar y tu allan y buasent wedi eu gwyngalchu, ac yn lliwgar iawn y tu mewn gyda murluniau, cerfluniau, pren wedi ei gerfio'n gain a gwydr lliw, heb sôn am ganhwyllau a lampau yn llosgi ym mhobman. Os ydym yn fwy cyfarwydd â moelni capel anghydffurfiol Cymreig, fe allai ein taro ni fwy fel teml

Fwdistaidd o Dibet nac eglwys Gristnogol, ond byddai Catholigion hŷn neu Gristnogion Uniongred yn teimlo'n fwy cartrefol.

Fel y gwyddom o'r llyfrau gweddi sydd wedi goroesi, byddai addoliad y Sul yn cychwyn gyda'r offeiriad yn dweud y Foreol Weddi, yna fe ddeuai'r fendith a thaenellu dŵr sanctaidd yn y cysegr, a dilynid hyn gan orymdaith ddefodol gydag arogldarth, a fyddai'n aml yn mynd o gwmpas y fynwent. Gallai'r côr bychan neu glerc y plwyf wedyn ganu salmau'r Awr Anterth (defod weddi arall) tra bod yr offeiriad yn paratoi ar gyfer yr Offeren. Byddai Offeren y Sul ei hun yn seremoni goeth, a gynhelid yn bennaf mewn Lladin (gyda pheth Groeg ar y dechrau a rhywfaint o Gymraeg yn y canol) gyda chynorthwywyr yn cludo canhwyllau, croes ac arogldarth. Yr oedd yn wahanol o ran rhai manylion i ffurf gyfoes yr Offeren a'r 'Ddefod Dridentaidd'; gan gychwyn a gorffen yn fwy syml na'r ddefod honno, a byddai'r llithoedd yn cael eu darllen wrth y ddarllenfa yn agos at y bobl (nid wrth yr allor ac nid o lofft y grog fel y dywedir weithiau – ac eithrio ar Sul y Blodau). Adeg yr offrwm (yn eglwysi'r plwyf) byddid yn gweddïo dros bawb mewn angen, yn fyw a meirwon. Yn yr ardaloedd Cymraeg eu hiaith, fel Llandeilo Tal-y-bont, byddai'r gweddïau hyn wedi bod yn y famiaith yn bennaf. Ni fyddid yn cael pregeth bob tro, oni fyddai'r offeiriad wedi ei drwyddedu'n gywir, ond yn Gymraeg y byddai'r pregethau, a gymerid weithiau o ffynhonnell brint.

Wrth galon y ddefod, byddai'r offeiriad yn cymryd y bara a'r gwin ac yn eu cysegru fel Corff Crist, cyn eu dyrchafu i bawb eu gweld. Byddai pobl yn moesymgrymu neu'n penlinio adeg 'dyrchafu'r Afrllaten' – a gâi ei gydnabod gan bawb fel rhan bwysicaf yr Offeren. Byddai cloch yn canu fel y gallai'r ardal gyfan fod yn ymwybodol o'r hyn oedd yn digwydd ac y gallai pobl benlinio hyd yn oed yn y caeau. Ni fyddai'r rhan fwyaf o bobl yn derbyn y cymun (ac eithrio ar achlysuron arbennig, megis Sul y Pasg) ond fe fyddent yn cymryd rhan mewn dull ysbrydol trwy weddïo'r paderau a gweddïau eraill wrth i'r Offeren gael ei gweinyddu, gan ddefnyddio'r murluniau ac addurniadau i strwythoro'u gweddïau.

Ar rai dyddiau o'r flwyddyn, byddai'r seremonïau yn wahanol. Yn ystod y Grawys a'r Wythnos Fawr, byddai llen baentiedig fawr o flaen y cysegr yn cuddio'r symudiadau wrth yr allor rhag y bobl; ni fyddai'r llen yn cael ei chodi tan Sul y Blodau. (Mae'r arferiad hwn, ac yn wir rhai llenni paentiedig o'r fath, yn dal mewn bodolaeth mewn rhai rhannau o'r Almaen.) Byddai croesau a cherfluniau hefyd dan len yn yr un modd â'r Grog Fawr trwy gydol y Grawys, i bwysleisio'r penyd a'r ymprydio a nodweddai'r cyfnod – yn wir, nid oedd cig yn cael ei fwyta o gwbl trwy gydol y tymor (nes i Harri VIII ym 1538 ganiatáu bwyta cig gwyn).

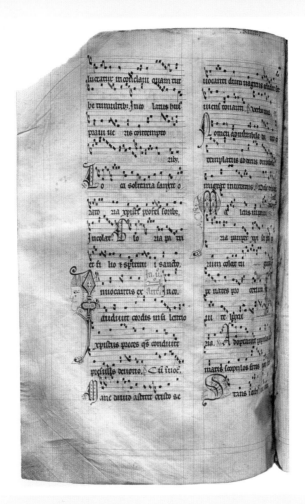

Byddai gwasanaethau arbennig o ddramatig yn digwydd yn ystod yr Wythnos Fawr. Ar Sul y Blodau, byddai dwy orymdaith, un gyda'r Groes a blodau a changhennau ac un gyda'r Sagrafen Fendigaid, yn cwrdd wrth groes y fynwent, a byddai llanciau ifanc yn cynrychioli 'plant Israel', yn canu o adeilad dros dro ger porth yr eglwys. Yna, wrth ddod i mewn i'r eglwys, byddai llen fawr y Grawys yn cael ei chodi a'r siant *Ave Rex noster* (Henffych, ein Brenin) yn cael ei chanu. Ar Ddydd Iau Cablyd, yn hytrach na'r Offeren hwyrol fodern, byddai Offeren yn y bore, ac yna byddid yn 'dinoethi' yr eglwys, wrth i lieiniau'r allor gael eu tynnu ymaith a'r allorau gael eu golchi. Ar Ddydd Gwener y Groglith, câi llawer o lithoedd o'r Hen Destament eu siantio, a byddai'r bobl yn cropian ar eu gliniau tuag at groes, a osodwyd iddynt ei mawrygu a'i chusanu. Yna, byddid yn cymryd y Sagrafen Fendigaid o'r 'gistan grog' yn uchel uwchlaw'r allor a, gyda'r Groes, yn cael ei lapio mewn lliain a'u gosod mewn 'bedd' symbolaidd yn y gangell – 'Beddrod y Pasg'. Byddid yn gweinyddu Offeren Nos Basg y bore canlynol, a chynhelid defod hyfryd yn gynnar ar Sul y Pasg pan 'godwyd' y Groes yn ddefodol a'i gorymdeithio o gwmpas yr eglwys tra bod y siant *Christus Resurgens* (Crist yn Cyfodi) yn cael ei chanu, a'r holl glychau yn cael eu canu.

Yr oedd y Nadolig yn wahanol mewn llawer modd i'n haddoliad ni heddiw. Nid oedd coed Nadolig, wrth gwrs, a siantiau Gregoraidd, nid carolau Nadolig, oedd yn cael eu defnyddio. Er hynny, cenid rhai carolau ar wahanol ddathliadau, a byddai'r rhain weithiau ar ffurf dawns. Erbyn y bymthegfed ganrif daeth carolau megis *Lullay my liking*, *Adam lay ybounden* a *The Coventry Carol* yn rhan o ffurf o ddrama a dyfodd o gwmpas y preseb. Mae'n bosib bod carolau Cymraeg megis *Ar fore dydd Nadolig* wedi cael eu defnyddio yn yr un modd. Ar ôl y Diwygiad Protestanaidd, ymddangosodd llawer o'r carolau hyn eto, wedi'u newid ryw ychydig, yng ngwasanaethau'r Plygain fore Nadolig.

Fel gwrthbwynt i'r pwyslais mawr ar ymprydio yn ystod y tymhorau penyd, yr oedd gwledda adeg y Nadolig, y Pasg a dyddiau gŵyl y saint yn cael ei annog. Yr oedd llawer o ddyddiau gŵyl fel hyn, a châi pobl eu hesgusodi o'u gwaith caled arferol a byddent yn mwynhau 'cwrw'r plwyf'. Yn sicr, byddai Dydd Teilo yn ddiwrnod felly yn ein heglwys ni. Medrwn olrhain tarddiad bwydydd tymhorol arbennig megis picennau'r Grog a mins peis i'r dathliadau wedi'r Offeren ar yr adegau gwledda hyn.

Yr oedd cynebryngau ac Offerennau'r Meirw hefyd â rhan fawr yn nefosiynau pobl. Byddai rhai o'r gweddïau a adroddid yn ddyddiol gan yr offeiriaid a rhai lleygwyr yn cael eu haddasu a'u canu fel *Dirige* a *Placebo* (daw'r enwau o eiriau cyntaf y Gweddiau dros y Meirw – dyna yw tarddiad yr hen air Cymraeg 'dyri'). Gweinyddid yr Offeren ar ddydd yr angladd ond hefyd ar lawer achlysur arall, megis pen-blwyddi diwrnod y farwolaeth, gyda'r perthnasau yn aml yn cynnig 'tâl offeiriad' bychan i gynnal yr offeiriad fyddai'n gweinyddu.

Ar y cyfan, yr oedd awyrgylch addoli yng Nghymru yn gynnar yn yr unfed ganrif ar bymtheg yn dra gwahanol i'r rhan fwyaf o ffurfiau ar addoliad Cristnogol yng Nghymru heddiw – ac eithrio, efallai, am ddathlu'r 'Defod Dridentaidd' mewn eglwys Neo-gothig neu'r Litwrgi Bysantaidd mewn Eglwys Uniongred fechan. Dychmygwch awyrgylch lle mae'r muriau wedi eu paentio, llawer o ganhwyllau, naws ddirgel a'r rhan fwyaf yn digwydd yn y cysegr, fel arfer y tu ôl i sgrin addurnedig. Er hynny, fe ddeuai tyrfa dda a byddent yn teimlo eu bod yn rhan ddofn o ddirgelwch yr hyn oedd yn digwydd. Yr oedd eu ffydd Gristnogol yn rhan o wead eu bywydau, fel y gwyddom o waith llawer o lenorion y cyfnod, er bod eu hymwneud yn wahanol i ganu emynau neu adrodd gweddïau yn uchel sy'n gyfarwydd i ni heddiw. Iddynt hwy, yr oedd cymryd rhan yn golygu bod yno, gwylio'r defodau, ymuno yn y gorymdeithiau ac yn anad dim, addoli mud a gweddi breifat.

Wedi'r Diwygiad a'r eglwys newydd

Bu'r blynyddoedd wedi 1530 yn gyfnod o newid aruthrol i Gymru, newid a effeithiodd ar eglwys y plwyf yn Llandeilo Tal-y-bont. Blynyddoedd Diwygiad olyniaeth y Tuduriaid oedd y rhain, a Deddfau Uno 1536 a 1543, a asiodd Gymru wrth Loegr. Effeithiau'r Diwygiad yn bennaf sydd yn ymwneud â hanes yr hen eglwys. Ymddengys i'r Diwygiad Tuduraidd fod yn broses faith, oedd yn cynnwys Cymru, Lloegr ac Iwerddon ac a welodd newidiadau dan Harri VIII, Edward VI, cyfnod byr pryd y dychwelwyd at Gatholigiaeth dan Mari Tudur, ac yn y diwedd, sefydlogrwydd diwygiad Elisabeth I.

Esgorodd newidiadau mewn diwinyddiaeth ar newidiadau mewn arferion oedd yn weladwy ac yn glywadwy. Bellach, iaith addoliad fyddai 'iaith y cyffredin' – Saesneg, a Chymraeg yn ddiweddarach – y hytrach na Lladin. Daeth y bregeth yn brif ganolbwynt addoliad ar y Sul. I allu gwrando ar bregethau hirfaith, hyd at ddwy awr o hyd weithiau, rhaid oedd i'r gwrandawyr fod yn weddol gysurus, felly cyflwynwyd eisteddleoedd neu gorau. Yn y pen draw, gwnaed i ffwrdd â delwau, cerfiedig neu mewn paent, gan baentio drostynt neu eu dinistrio. Gwnaed i ffwrdd hefyd â'r dodrefn canoloesol, felly dyna pam y diflannodd y sgrin a llofft y grog o eglwys Sant Teilo.

Parhâi'r eglwys yn ganolbwynt crefyddol a chymdeithasol i gymunedau gwledig y plwyf. Cynhelid ffeiriau, gwrandewid ar achosion cyfreithiol, ac yno y deuai'r plwyfolion o hyd i briodi, i gael eu bedyddio a'u claddu. Ni fyddai fawr ddim newid yng ngwedd allanol yr adeilad, a'r tu mewn, yr oedd y dodrefnu a'r addurn yn dal i ddatblygu. Arwydd o hyn yn eglwys Sant Teilo yw'r ddau ddernyn o Weddi'r Arglwydd yn Gymraeg, amryfal ddyfyniadau Beiblaidd a baentiwyd yn yr ail ganrif ar bymtheg, a chynllun cyflawn 1715 (Credo'r Apostolion, y Deg Gorchymyn, Gweddi'r Arglwydd a'r Arfbais Frenhinol, gydag enwau Wardeiniaid yr Eglwys a nod y paentiwr wedi'u harysgrifennu). Yr oedd tystiolaeth o adnewyddu pellach ym 1736 a 1810, pan gafodd yr eglwys gorau neu seddau caeëdig, pulpud trillawr a ffenestri 'Gothig Sioraidd' newydd.

Interior of Old Parish Church, Pontardulais

Ni all yr un arolwg o grefydd wedi'r Diwygiad yng Nghymru anwybyddu'r berthynas, stormus yn aml, rhwng yr Eglwys sefydledig a'r eglwysi anghydffurfiol. Mae'n debyg mai un o arwyddion cynharaf anghydffurfiaeth ym mhlwyf Llandeilo Tal-y-bont oedd gwysio pedwar o bobl i ymddangos gerbron Archddiacon Caerfyrddin ym mis Rhagfyr 1662, wedi eu cyhuddo o wrthod mynychu addoliad yn eglwys y plwyf. Tua 1712, codwyd y capel anghydffurfiol cyntaf yn yr ardal; erys hyd heddiw, dan yr enw Yr Hen Gapel.

Yn y ddeunawfed ganrif gwelwyd egino'r mudiad Methodistaidd yng Nghymru ac, fel gydag anghydffurfiaeth gynnar, rhaid synied am ei hanes fel rhywbeth ar wahân i'r hyn a ddigwyddodd yn Lloegr. Yr oedd rhai o'r clerigwyr a wasanaethai blwyf Llandeilo Tal-y-bont yn cydymdeimlo â'r anghydffurfwyr ac yn eu cefnogi. Soniwyd am un, Edmund Nash Leigh, curad o 1769 tan 1812, fel cyfaill mwyaf y Diwygiad Methodistaidd yng Nghymru.

Cerdyn post yn dangos y tu mewn i'r eglwys gyda'r corau caeëdig a'r pulpud trillawr a osodwyd ym 1810. Gosodwyd y ffenestr haearn yn y gangell ym 1927. *Atgynhyrchwyd o gerdyn post gwreiddiol Frith & Co*

Yn ystod y cyfnod hwn, yr oedd Dafydd William yn byw yn Llandeilo Fach, y fferm gerllaw'r hen eglwys. Yr oedd yn athro yn yr ysgol gylchynol leol, a daeth yn bregethwr lleyg ym mlynyddoedd cynnar y mudiad Methodistaidd. Sonia'r hanes am un noson stormus, ac yntau wedi ei gloi allan o'r tŷ wedi dychwelyd yn hwyr o gyfarfod Methodistaidd, fod Dafydd wedi cysgodi yn yr eglwys rhag gorlif yr afon. Yno, y'i hysbrydolwyd i gyfansoddi un o emynau enwocaf Cymru:

Yn y dyfroedd mawr a'r tonnau,
nid oes neb a ddeil fy mhen
ond fy Annwyl Briod Iesu
a fu farw ar y pren:
cyfaill yw yn afon angau,
ddeil fy mhen i uwch y don;
golwg arno wna im ganu
yn yr afon ddofon hon.

Yn nes ymlaen, ymunodd â'r Bedyddwyr, symudodd i Fro Morgannwg, ac y mae wedi ei gladdu yng Nghroes-y-parc yn Llanbedr-y-fro, ger Sain Ffagan.

Ym 1851, gyda dyfodiad diwydiant a'r twf mewn poblogaeth yn sgil hynny, ynghyd ag anawsterau cynyddol cyrraedd yr eglwys oherwydd y llanw a'r gorlifo tymhorol, codwyd eglwys newydd ym Mhontarddulais gan y ficer, y Parchedig Thomas Clarke, a diolch iddo ef yr achubwyd yr eglwys ganoloesol rhag ei 'Fictorianeiddio'. Ef hefyd oedd yn gyfrifol am godi'r ysgol gyntaf yn y plwyf ym 1848 a ficerdy ym 1854. Y bwriad oedd i'r eglwys newydd gymryd lle'r hen un, felly cysegrwyd hithau hefyd i Sant Teilo, a'i gwneud yn eglwys y plwyf.

Ymddengys iddynt roi'r gorau i gynnal gwasanaethau rheolaidd yn yr hen eglwys wedi 1861; fodd bynnag, ym 1877 gwnaed peth gwaith adnewyddu, ar gost o £91. Ym 1897 penodwyd y Parchedig William Morgan yn Ficer; mae cofeb yn eglwys newydd Sant Teilo yn rhestru'r adeiladau a godwyd yn ystod ei ofalaeth, gan gynnwys eglwys Sant Mihangel ym Mhontarddulais. Dan ei arweiniad ef a chyda help ariannol ffermwyr lleol, adnewyddwyd yr hen eglwys unwaith eto, a'i hail-doi ar gost o £100 ym 1901. Cynhelid gwasanaethau yno tan 1970, dri Sul y flwyddyn ym misoedd Mehefin, Gorffennaf ac Awst.

Bob hydref, câi'r eglwys ei byrddio ynghau tan y gwanwyn canlynol, yna byddid yn glanhau ac yn gwyngalchu y tu mewn a'r tu allan. Mae llawer o'r trigolion lleol yn cofio helpu i lanhau ac addurno'r eglwys, ac yr oedd rhain yn achlysuron cymdeithasol yn ogystal ag o ddefosiwn. Am ryw ddeugain mlynedd hyd at ddiwedd y 1960au, Mr Sidney Webb a'i wraig, Mrs Olwen Webb, prif ofalwyr yr eglwys, fyddai'n arwain ac yn trefnu'r glanhau blynyddol. Arferai plwyfolion o bob enwad ddod i wasanaethau poblogaidd yr haf, ac y mae llun rhyfeddol a dynnwyd ar Sul heulog ym mis Gorffennaf 1934 yn brawf o hyn. Y periglor olaf i gymryd gwasanaeth yno, ym 1970, oedd y Parchedig W. Cynwyd C. Williams.

Er na ddefnyddid yr eglwys yn rheolaidd bellach, fe fu'n dyst i un digwyddiad pwysig arall yn hanes crefyddol Cymru. Ar 18 Fedi 1914, rhoed y Cydsyniad Brenhinol i'r Mesur i ddatgysylltu Eglwys Loegr yng Nghymru. Torrodd cynnwrf rhyfel 1914-18 ar draws y broses hon, ond yn y diwedd, ar 31 Fawrth 1920, daeth yr Eglwys yng Nghymru yn eglwys ddatgysylltiedig, o'r un statws yng Nghymru â phob eglwys arall. Ym 1923 crëwyd esgobaeth newydd o esgobaeth enfawr Tyddewi, a daeth eglwys hynafol Llandeilo Tal-y-bont yn un o eglwysi Esgobaeth Abertawe ac Aberhonddu.

(Chwith) Croesi Afon Llwchwr mewn cwryglau i fynd i wasanaeth yn yr eglwys, tua 1900.

(Dde) Yr oedd gwyngalchu'r eglwys yn ddigwyddiad i'r gymdeithas gyfan, fel y gwelir yn y llun hwn a dynnwyd tua 1960.

(Dde) Y Parch. W. Cynwyd C. Williams, ficer Sant Teilo, Pontarddulais, y person olaf i gymryd gwasanaeth yn yr eglwys, ym 1970. *Drwy garedigrwydd Pam Waterhouse*

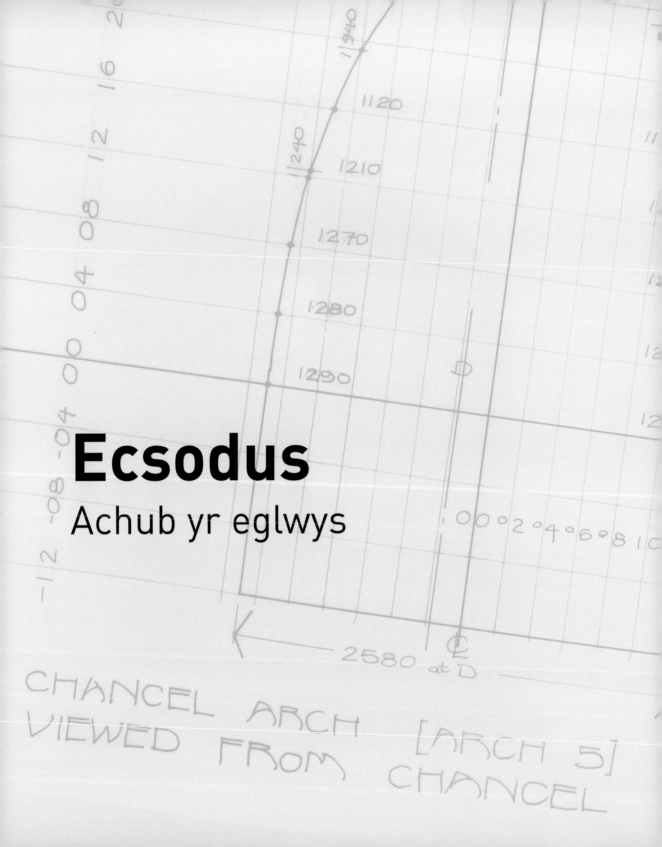

Ecsodus

Achub yr eglwys

Cofnodi'r adeilad

Pan welodd staff Sain Ffagan yr eglwys am y tro cyntaf ym 1984, gallasent fod wedi dweud gyda'r bardd, 'drain ac ysgall, mall a'i medd'. Cawsai'r ffenestri eu byrddio ac yr oedd iorwg wedi gwreiddio dros y rhan fwyaf o'r muriau allanol. Yn waeth na dim, dinoethwyd y llechi oddi ar y toeau, a safai'r ystyllod yn agored i'r elfennau. Ar bob tu, nid oedd ond arwyddion dirywiad a fandaliaeth, gyda llawer o'r beddau a'r cerrig beddi wedi eu torri neu eu gwthio i lawr. Y tu mewn, yr oedd pethau'n fwy digalon fyth, os rhywbeth. Yr oedd yr holl gorau caeëdig o ddechrau'r bedwaredd ganrif ar bymtheg wedi diflannu, felly hefyd y pulpud trillawr cain a'i seinfwrdd, a rheiliau'r allor a wnaed o bren wedi ei durnio. Nid oedd gwydr ar ôl o gwbl yn unrhyw ffenestr, ac yr oedd y drws deheuol wedi mynd. Gorweddai'r fedyddfaen yn druenus ar ei hochr ar lawr yr eil ddeheuol. Cawsom ar ddeall wedyn fod yr holl gosodiadau mewnol wedi eu cymryd oddi yno i'w trwsio fel rhan o un o gynlluniau creu gwaith y llywodraeth yn ôl yn y 1970au, ond eu bod, fel cloch yr eglwys, yn rhyfedd iawn wedi 'diflannu'!

Rhyw ddeng mlynedd ynghynt, cynhaliodd ymchwilwyr o Gomisiwn Brenhinol Henebion Cymru (CBHC) arolwg cychwynnol o'r adeilad, a sylwi ar yr hyn a ymddangosai fel olion pigment neu liw ar un o'r muriau. Mae'n debyg fod dŵr glaw wrth ollwng i mewn i'r adeilad wedi rhyddhau darn bychan o wyngalch, a bod hwnnw wedi disgyn ymaith o'r mur. Yr oedd olion addurn ar y plastr a ddaeth i'r golwg, ond rhaid oedd aros nes bod modd archwilio'r waliau yn fanwl cyn gweld beth yn union ydoedd a phryd y cafodd ei wneud.

Ddiwedd 1984, cynhaliwyd arolwg mawr, unwaith eto gan CBHC, yn dilyn y penderfyniad i symud yr adeilad i Sain Ffagan. Buan y daeth yn amlwg, gyda gwaith ditectif gofalus a thrwy gyfeirio at eglwysi eraill cyffelyb yn yr ardal, fod digon o dystiolaeth ar ôl i ail-greu eglwys Sant Teilo fel y buasai wedi ymddangos yn union cyn y Diwygiad Protestannaidd. Erbyn y cyfnod hwn, yr oedd y fframwaith cyfan, corff yr eglwys, y gangell, y capel gogleddol, yr eil ddeheuol a'r porth oll wedi eu hadeiladu, ac er bod y rhan fwyaf o'r treswaith carreg cerfiedig wedi ei gymryd allan o'r ffenestri, a bod nodweddion megis llofft y grog a'r sgrin ar goll, y teimlad oedd y gallai crefftwyr yr Amgueddfa ei hadfer i'w gogoniant gwreiddiol. Dechreuwyd chwilio am gliwiau.

Cyn gallu cofnodi'r adeilad yn fanwl, rhaid oedd yn gyntaf tynnu cynnydd canrifoedd o wyngalch oedd wedi hel ar y muriau allanol er mwyn dwyn y gwaith maen i olau dydd. Gwaith araf a llafurus oedd hyn, yn cael ei wneud â cheibiau llaw bychain. Yn ystod y

(Uchaf) Llun o'r eglwys ym 1984, yn dangos mor adfeiliedig ydoedd wedi i lechi'r to gael eu dwyn.

(Gwaelod) Yr eil ddeheuol, eto ym 1984, gyda'r holl ddodrefn wedi mynd ac yn agored i'r elfennau. Gellir gweld y fedyddfaen yn gorwedd ar ei ochr ar y llawr.

gwaith, datgelwyd manylion a nodweddion fu gynt ynghudd, megis amlinellau ffenestri oedd wedi eu cau i fyny, uniadau syth yn dangos lle bu'r hen ddrws gorllewinol, a nifer o dyllau 'pwtlog' a fu unwaith yn cynnal sgaffaldiau pren canoloesol.

I gofnodi'r strwythur, tynnwyd llinell 'datwm' lorweddol o gwmpas yr adeilad, y tu mewn a'r tu allan. Tynnwyd llinell arall, ar yr un lefel, trwy hyd yr adeilad, gan ymestyn trwy'r ffenestr ddwyreiniol yn y gangell yn un pen, a thrwy ddrws rhannol gaeëdig y corff (oedd bellach yn ffenestr) yn y pen arall. Yna tynnwyd ail linell, ar ongl sgwâr iddi, ar draws lled yr adeilad. Yn y fan lle cyfarfu'r ddwy linell, tynnwyd trydedd linell fertigol. Defnyddiwyd mesuriadau a gymerwyd o'r llinellau datwm hyn i ganfod union leoliad meini unigol, preniau neu nodweddion pensaernïol.

Gan gychwyn yng nghornel orllewinol corff yr eglwys a gweithio'n wrthglocwedd o gwmpas tu allan yr adeilad, rhoddwyd i bob rhan arwyddocaol o'r eglwys – pob cornel, ffenestr neu ddrws – lythyren adnabod, o A i M. Yna, rhifwyd pob carreg oedd yn gysylltiedig â'r nodweddion hyn, fel pan gymerid mesuriadau, fod modd eu cofnodi a'u croesgyfeirio. Cafodd y rhifau eu paentio ar y cerrig: câi cerrig allanol rif gwyn ar gefndir llwyd tywyll, a chafodd y rhai o'r nodweddion y tu mewn rif du ar sgwâr gwyn. Gyda nodweddion arbennig, megis y cerrig corbel ymestynnol, yr 'ysbïendwll' rhwng yr eil a'r gangell, y cwt cloch a'r ambari yn y mur ym mhen dwyreiniol yr eil ddeheuol, cymerwyd eu manylion ar wahân. Tynnwyd lluniau hefyd o eitemau megis y cerrig llorio yn y porth a gweddillion y cyff fu unwaith yn dal y gloch, a mesurwyd hwy a'u cofnodi.

Defnyddiwyd dull fymryn yn wahanol gyda phren y to i adnabod y darnau. Yn hytrach na llythrennau a rhifau wedi eu paentio, cafodd rhifau eu taro i mewn i ddisgiau pres bychain, a hoeliwyd wedyn ar y preniau dan sylw. Lle byddai dau goedyn yn cwrdd, fel mewn uniad mortais a thyno, byddai rhannau cyfatebol y coed yn cael rhifau oedd yn cyfateb. Fel gyda nodweddion y gwaith saer maen, tynnwyd brasluniau o drawstiau, croeslathau a gwarblatiau o wahanol rannau o'r eglwys, eu hanodi, eu mesur a'u cofnodi. Cymerwyd cannoedd o ffotograffau o'r adeilad ac o'r broses ddatgymalu.

Darganfuwyd hefyd ddarnau o deils crib clai canoloesol wedi eu gwydro'n rhannol, gan gynnwys un a oroesodd yn gyfan. Daethpwyd o hyd i dystiolaeth am orchudd gwreiddiol y to yn waliau'r fynwent, lle'r ail-ddefnyddiwyd yr hen deils to carreg i wneud y muriau, wedi iddynt gael eu tynnu a rhoi llechi Caernarfon yn eu lle ym 1901.

Achub y murluniau

Fel y nodwyd, yr oedd arolwg o'r eglwys yn y 1970au wedi dod o hyd i olion pigment dan y gwyngalch, a oedd yn arwydd y gallasai murluniau fod wedi goroesi. Arweiniodd y darlithwyr cadwraeth David Watkinson a David Leigh, ynghyd â chadwraethwyr o'r Amgueddfa, dîm o fyfyrwyr o Brifysgol Caerdydd yn y gwaith diwyd a thrylwyr o symud yr haenau lluosog o wyngalch i ddatgelu'r hyn oedd odditano. Gan ddefnyddio ffleimiau (cyllyll llawfeddygol) ac offer mecanyddol, crafwyd yr haenau ymaith, filimedr wrth filimedr; yr hyn a ddaeth i olau dydd oedd y set helaethaf o baentiadau canoloesol a ddarganfuwyd hyd yma yng Nghymru.

Wedi'r Diwygiad Protestannaidd, byddai tu mewn eglwysi yn aml yn cael eu gwyngalchu ar gyfer y Pasg. Dros y canrifoedd, tyfodd y gwyngalch yn haen amddiffynnol dros yr arwynebeddau paentiedig gwaelodol. Roedd angen medr a dyfeisgarwch wrth symud yr haenau rhag peri unrhyw ddifrod i'r paent a'r plastr isod. Am bob rhan lle'r oedd symud y gwyngalch yn syml a didrafferth, cafwyd rhannau eraill oedd yn anodd a heriol. Y rheswm am hyn yn aml oedd bod dŵr o'r toeau oedd yn gollwng, a lleithder treiddiol yn toddi'r calch ac yn ei olchi i lawr y wal, lle byddai'n caledu eto yn gromen galed wrth i'r dŵr anweddu. Mewn mannau, yr oedd y plastr isod wedi diflannu'n llwyr wrth i'r dŵr ei sgwrio, ac yr oedd hyn wedi creu mannau gwag oedd yn gwneud yr haen o baent yn fregus iawn.

Yn wrthbwynt i gyffro datgelu'r paentiadau yr oedd y penderfyniadau moesegol anodd a ddaeth yn eu sgil. Mewn mannau, efallai rhyw bum mlynedd ar hugain yn unig wedi creu'r paentiadau canoloesol gwreiddiol, trosbaentiwyd er mwyn addasu delwedd neu greu un gwahanol. Pa baentiadau, felly, ddylid eu datgelu a'u cadw? Rhaid oedd i'r penderfyniadau ystyried ansawdd a chyflwr yr haenau paent ac i ba raddau yr oeddent wedi goroesi. Er enghraifft, byddai symud paentiad o gyfnod ychydig yn ddiweddarach oedd mewn cyflwr da i ddatgelu darnau o baentiad cynharach yn rhoi gwybodaeth bwysig am ddilyniant y paentio a'i destun – ond ar draul colli'r ddelwedd oedd o ansawdd well. Mewn achosion felly, byddai modd cadw'r ddelwedd ddiweddarach gan wybod fod darnau'r darlun cynharach wedi eu cadw odditano. Ar y llaw arall, efallai y byddai trosbaentiad diweddarach oedd wedi ei ddifrodi yn ddrwg yn cael ei symud i ddatgelu darlun cynharach mwy cyflawn. I ddogfennu hanes yr eglwys yn llawn, byddai cofnod yn cael ei wneud o unrhyw drosbaentiad a symudwyd. Gan y byddai'r eglwys yn cael ei dadosod, ei symud a'i hail-godi, yr oedd yn hanfodol bellach codi'r paentiadau i'w cadw i'r oesoedd a ddêl.

Cadwraethwyr yn symud yr haenau o wyngalch yn ofalus i ddatgelu'r murluniau fu ynghudd ers bron i bum can mlynedd.

Yn dilyn profion helaeth, penderfynwyd defnyddio fersiwn o'r dechneg Eidalaidd *stacco* i warchod y paentiadau a ddatgelwyd a'u codi oddi ar y muriau. Cafodd y darnau a'r arwynebeddau paent rhydd eu cryfhau gyda resin acrylig . Yna glynwyd haenau o fwslin ymenyn a sgrim dros yr wyneb, gan ddefnyddio'r un resin. Wrth sychu, byddai'r gorchudd mwslin/sgrim yn crebachu'n sownd i'r wyneb, gan ffurfio cynheilydd cadarn oedd yn dilyn afreoleidd-dra'r arwyneb a natur tri-dimensiwn y paentiad, a'r plastr gwaelodol. Byddai modd codi'r rhain wedyn oddi ar y mur gydag amrywiaeth o offer wedi eu gosod i mewn yn ofalus rhwng y plastr a'r mur carreg islaw. Wrth i'r gwaith

(Chwith) Y ddelwedd o'r Santes Catrin o Alecsandria, yn dyddio o tua 1400, fel y'i datgelwyd ar fur dwyreiniol yr eil.

(Dde) Yr un murlun, wedi ei symud o'r eglwys ac yn dilyn gwaith cadwriaethol ym 1986 a 2009.

Ian Dennis, darluniwr archeolegol, yn paratoi dargopi o un o'r murluniau a achubwyd.

symud fynd rhagddo, yr oedd y gorchudd ar yr arwyneb paentiedig/plastr yn ei ddal at ei gilydd. Wrth iddynt gael eu symud oddi ar y mur, gollyngwyd hwy wysg eu cefn ar fwrdd, yn barod i'w cludo.

Yn ôl yn labordai Prifysgol Caerdydd, dyfeisiwyd system o gefnyn anhyblyg i gynnal y paentiadau cyn symud y gorchudd i ddatgelu'r haen o baent. Cafodd cefn yr haen o blastr calch ei lefelu, llenwyd y darnau coll i mewn â mwy o blastr a rhoi ewyn polyether arno. Ffurfiodd hyn haen ysgafn, gildroadwy rhwng y plastr a chefnyn o wydr ffibr a pholyester anhyblyg. Yna, trowyd y paentiad drosodd a thynnwyd y gorchudd gan ddefnyddio hydoddydd organig i ddoddi'r glud. Paentiwyd darnau lle'r oedd paent ar goll i mewn er mwyn cadw ffurf a llun y delweddau gwreiddiol ac fel cymorth i ddehongli. Mae'n ddigon hawdd gweld y mannau hyn trwy ddefnyddio golau uwchfioled a gellir ei gweld â'r llygad o graffu'n agos. Yr hyn a grëwyd yn y pen draw yw profiad gweledol cyffrous, ac mae wedi gwneud y paentiadau yn hawdd i'w cludo, eu storio a'u harddangos.

Manylyn o'r 'canopi'
o ddechrau'r 15fed
ganrif uwchben y
Santes Catrin.
Mae'n hawdd gweld
defnydd yr artist
o linellau rhydd a
lliw yma.

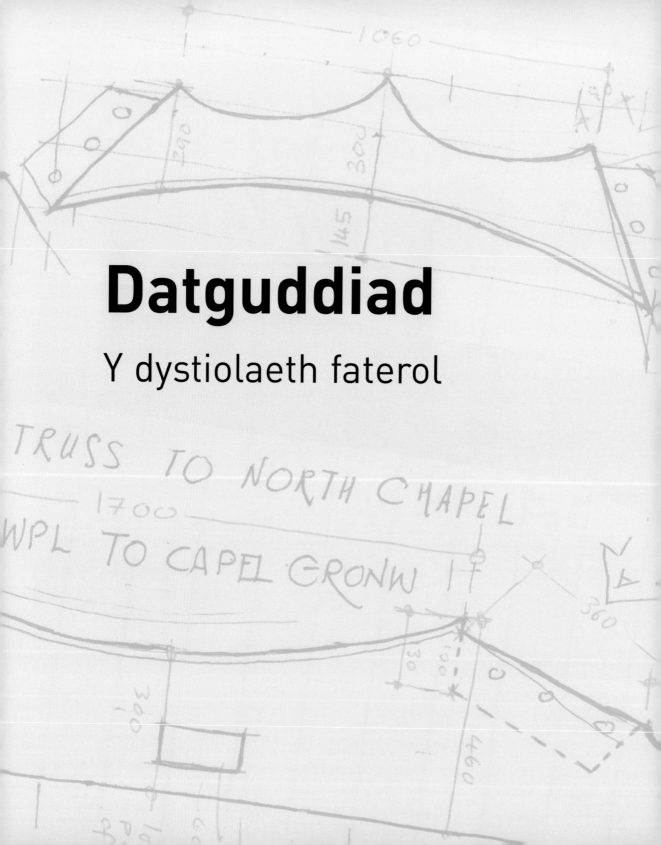

Datguddiad

Y dystiolaeth faterol

Y ffenestr unigol
fechan ym mur
gogleddol corff yr
eglwys, yn dangos
y gwaith gwreiddiol
a newydd.

Meini

Nodwyd safle ar gyfer yr eglwys eisoes ar dir yr Amgueddfa. Yn gynnar yn y 1980au, cwympwyd clwstwr mawr o goed llwyfen oherwydd clwyf llwyfen yr Isalmaen, ac yr oedd y llannerch a adawyd yn ddelfrydol gan ei fod yn wastad, os braidd yn gorsiog – heb fod yn annhebyg i safle gwreiddiol yr eglwys, a dweud y gwir. Y dasg gyntaf oedd gosod sylfeini. Sylfeini carreg oeddynt, fel y muriau, ond yn lletach ac wedi eu bondio â morter calch, gan ymestyn rhyw fetr a hanner islaw lefel y ddaear.

Gosodwyd y llinellau croes-datwm (a ddefnyddiwyd i fesur yr eglwys, fel y'u disgrifir ar dudalen 34) o gwmpas a thrwy'r adeilad fel bod modd gosod pob un o'r meini a rifwyd yn ei safle. Yna, ail-godwyd y muriau gwaith maen, gan leoli pob cornel, agoriad drws a ffenestr yn fanwl gywir. Yr oedd llawer o'r muriau allanol yn fwy trwchus yn y gwaelod ac yn meinhau'n raddol tua'r brig, gan greu effaith bwtres, nodwedd oedd yn gyffredin mewn adeiladau canoloesol. Yr oedd y mur gorllewinol yn ôl-ogwyddo yn sylweddol am y metr cyntaf, ac yna'n parhau tuag i fyny yn wal syth. Rhwng y ddau ran, yr oedd llinell o feini yn estyn allan, neu gwrs 'tulath', yn creu rhimyn addurnol llorweddol ar hyd y wal. Yr oedd i wahanol rannau o'r adeilad wahanol batrymau adeiladu; er enghraifft, er mai o rwbel ar hap y gwnaed y rhan fwyaf o'r adeilad, ym muriau'r porth o ddiwedd y bymthegfed ganrif a wal ogleddol corff yr eglwys, yr oedd cyrsiau dwbl o garegos afon mawr a chrwn rhwng bandiau o dywodfaen main a gwastad.

Un ffenestr ganoloesol wreiddiol oedd wedi goroesi fwy neu lai yn gyfan, sef ffenestr fach o'r bedwaredd ganrif ar ddeg ym mur deheuol yr eil. Hyd yn oed yma, yr oedd peth o'r gwaith maen wedi dirywio ac erydu, a thorrwyd rhannau o'r pennau uchaf pan gaewyd y ffenestr â brics yn gynnar yn yr ugeinfed ganrif. Er mwyn trwsio'r rhannau hyn neu roi rhai yn eu lle, rhaid oedd gweld yn gyntaf beth oedd y garreg wreiddiol a ddefnyddiwyd, ac os oedd modd, o ba chwarel y daethai. Cadarnhaodd y Dr John Davies, Daearegwr Rhanbarthol gyda Chyngor Cefn Gwlad Cymru, mai clymfaen Cae-ras (carreg winau Ddyfnantaidd Is yn cynnwys caregos cwarts bychain a cherrig eraill gan gynnwys tywodfaen Silwraidd a cherrig silt gyda ffosiliau), yr oedd gwythïen ohoni yn rhedeg yn eithaf agos at safle'r eglwys. Dyma'r garreg a ddefnyddiwyd hefyd ar gyfer y fedyddfaen o'r unfed ganrif ar ddeg, oedd ym mhen gorllewinol yr eil. Mewn rhan o chwarel Cil-yr-ychen ger Llandybïe y rhoddwyd y gorau i'w weithio ers amser maith (rhyw naw milltir i fyny'r afon o Landeilo Tal-y-bont) cafwyd llawer o feini mawr o'r un cyfansoddiad a lliw yn union â meini'r ffenestr. Torrwyd y rhain a'u llunio, a'u defnyddio

yn lle'r gwaith maen coll. Efallai mai o'r chwarel hon hefyd y daeth y calchfaen a ddefnyddiwyd i gael calch ar gyfer y morteri, y rendradau a'r gwyngalch yn yr eglwys.

Yr oedd y treswaith cerfiedig gwreiddiol wedi ei dynnu oddi ar yr holl ffenestri eraill, ac o gwmpas un yn unig, ym mhen dwyreiniol yr eil, yr oedd ymyl cerfiedig. Cafodd llawer o agoriadau'r ffenestri hyn eu cau yn ddiweddarach, mae'n debyg pan osodwyd ffenestri newydd yn yr eglwys ym 1810. Pan ddatguddiwyd y rhain yn ystod y broses gofnodi, cafwyd bod nifer o'u siliau a'u dadlennau gwreiddiol a blastrwyd yn dal yno, a bod llawer o baentiadau gwreiddiol, o'r herwydd, wedi goroesi.

Yn ffodus, canfuwyd bod tri darn o flociau calchfaen wedi eu sgwario, a ddefnyddiwyd i gau rhan o ffenestr y capel gogleddol, mewn gwirionedd yn ddarnau o bennau ffenestri cerfiedig o'r bymthegfed ganrif, wedi eu troi tu chwith fel nad oedd modd gweld yr ochr addurnedig. Oherwydd y darganfyddiad hwn, medrodd y seiri maen crefftus ail-greu'r pennau *cinquefoil* cerfiedig fuasai wedi bod yn y ffenestri un a dau agoriad. Pan roddwyd hwy at ei gilydd, yr oedd y darnau yn ffitio agoriadau'r ffenestri i'r dim.

Yr oedd ffenestr bwysicaf yr eglwys, ym mhen dwyreiniol y gangell, yn codi cwestiwn arall: a ddylai fod ag un, dau neu dri agoriad? Yr oedd yn hysbys fod ffenestr newydd wedi ei gosod yn lle'r un wreiddiol, ym 1810, a honno yn ffenestr bren lansed dau-agoriad. Cafwyd un newydd yn lle hon hefyd pan ail-adeiladwyd y wal ddwyreiniol ym 1927, a'r tro hwn, ffenestr hirfain haearn bwrw ar ddull lansed ydoedd, a gymerwyd o eglwys 'newydd' Sant Teilo pan ail-fodelwyd honno ym 1905. Byddai ffenestr un-agoriad yn dra annhebygol pan oedd gan y rhan fwyaf o ffenestri eraill yr eglwys ddau agoriad. Mae ffenestri dwyreiniol yn dueddol o fod yn fwy na'r lleill, ac y maent yn aml wedi eu rhannu yn dri agoriad, oedd yn eu gwneud yn ddelfrydol ar gyfer gwydr paentiedig yn darlunio symbolau'r Drindod. Fodd bynnag, dau agoriad yn unig oedd gan fwy na thraean o'r ffenestri cangell canoloesol a gofnodwyd gan yr Amgueddfa ym Morgannwg. Gan nad oedd tystiolaeth gadarn o ffenestr fwy yn y mur dwyreiniol, penderfynwyd creu ffenestr dau-agoriad, ar batrwm y lleill ond ychydig yn fwy, i weddu i'w safle uwchben y brif allor.

Y tu mewn, nodweddion amlycaf yr adeilad yw'r pum bwa: dau rhwng corff yr eglwys a'r eil ddeheuol, un rhwng y gangell a'r eil ddeheuol, un rhwng y gangell a'r capel gogleddol, a'r fwyaf – bwa eliptaidd uchel – rhwng y corff a'r gangell, sef bwa'r gangell. Gwnaed arolwg manwl o'r rhain oll, gan gofnodi eu lled a'u taldra, a chymryd mesuriadau manwl bob 100 milimedr er mwyn cael proffiliau manwl gywir o bob un. Nid oedd yr un dau fwa yr un fath, ac nid oedd ochrau cyfatebol yr un bwa yn cyfateb chwaith. Golygai hyn fod yn rhaid cymryd gofal o'r mwyaf wrth osod allan amlinell y bwâu. Bwâu hanner-crwn syml oedd y rhan fwyaf ohonynt, wedi eu gwneud o rwbel, a'r unig awgrym o addurn oedd rhigol blaen ar waliau'r pileri sgwâr. Nid oedd yma golofnau meinion na phennau colofnau cain cerfiedig; yn wir, symlrwydd y bwâu, yn fwy na dim arall yn yr adeilad efallai, oedd yn awgrymu tlodi cymharol plwyf Llandeilo Tal-y-bont yn ystod yr Oesoedd Canol.

Adeiladwyd y bwâu yn ôl yr un egwyddorion sylfaenol a ddilynwyd pan godwyd hwy gyntaf. I ddechrau, adeiladwyd y pileri o feini hyd at yr 'asennau', neu'r meini isaf lle'r oedd y bwâu yn cychwyn. Yna, gwnaed ffurfwaith pren yn siâp y

Drws y capel gogleddol, wedi ei ail-godi gan ddefnyddio'r meini a rifwyd.

(Uchaf)
Defnyddiwyd
ffurfwaith pren i
gynnal gwaith maen
yr arcêd newydd a
bwa'r gangell.

(Gwaelod) Unwaith i
haen gyntaf y
gwaith maen gael ei
godi, roedd modd
symud y gwaith
pren gan fod y bwâu
erbyn hynny yn
cynnal eu hunain.

bwâu, a'u lleoli fel bod gwaelod pob bwa yn cyfateb i bwyntiau'r asennau. Wedyn, codwyd cerrig bwa fflat ar ben y ffurfwaith ac ar ongl sgwâr iddynt, gan weithio o'r naill ochr a'r llall nes iddynt gwrdd yn y canol, lle'r oedd y garreg olaf, y maen clo, yn eu cloi oll yn eu lle. Defnyddiwyd techneg gyffelyb i adeiladu pennau bwaog y drysau a'r bwâu cynnal uwchben rhai o'r ffenestri.

Wrth i'r waliau gael eu codi, caent eu gwyngalchu. Gwnaed hyn i warchod wyneb y gwaith maen, ac yn enwedig y morter calch, rhag iddo sychu'n rhy sydyn yn yr haf (gan fod y gwyngalch yn adlewyrchu llawer o belydrau'r haul), ac yr oedd hefyd yn gwarchod rhywfaint rhag barrug yn y gaeaf. Unwaith iddo gael ei gwblhau, paentiwyd yr holl adeilad â chwe chot o wyngalch – cafwyd mai cymysgedd calch brwd oedd yn rhoi'r canlyniadau gorau.

Gorchuddiwyd yr holl waliau mewnol â phlastr oedd â chalch yn sylfaen iddo. Gosodwyd tair cot o hwn: yn gyntaf, haen sail weddol fras, yna ail haen 'grafu' a lyfnhaodd rywfaint ar y gwaith maen anwastad, ac yn olaf, haen sgim denau, a roddwyd gyda thrywel pren. Cafodd y waliau a blastrwyd wedyn eu paentio gydag o leiaf dair cot o wyngalch; yr haen olaf fyddai sylfaen y murluniau.

Nid ydym yn gwybod pa fath o lawr fyddai i'r eglwys yn gynnar yn yr unfed ganrif ar bymtheg, ond gallasai yn hawdd fod o bridd wedi ei guro a'i gywasgu. Fodd bynnag, buan y buasai ôl traed miloedd o ymwelwyr â'r Amgueddfa wedi dinistrio llawr o'r fath, a phenderfynwyd dod o hyd i gyfaddawd fyddai'n gwrthsefyll y traul ac yn gydnaws â'r cyfnod. Fflagenni tywodfaen oedd yr ateb gorau, gan y buasai'r adeiladwyr canoloesol wedi medru cael gafael arnynt yn lleol. Yn ffodus, cafodd yr Amgueddfa gynnig nifer fawr o fflagenni addas o adeilad a ddymchwelwyd rai milltiroedd yn unig o safle'r eglwys.

Teils toi carreg oedd yn toi'r eglwys yn wreiddiol, ac mae bron yn sicr iddynt ddod o un o'r chwareli gerllaw, lle'r oedd carreg addas hawdd ei hollti yn agos at yr wyneb. Byddai'r teils hyn yn cael eu gosod mewn cyrsiau gostyngol, hynny yw, byddai'r slabiau hwyaf yn cael eu gosod nesaf at waelod y to, y bargodion, ac yna byddent yn byrhau po agosaf

Un o fwâu'r arcêd, o'i weld trwy'r porth deheuol.

To'r capel gogleddol, yn dangos teils carreg wedi eu gosod mewn cyrsiau gostyngol, gyda theils clai gwydrog ar hyd y crib.

yr aent at frig y to. Tua phen pob teilsen, yn y canol, gwnaed twll bychan. Gwthiwyd peg derwen bychan oedd yn meinhau ychydig i mewn i'r twll hwn fel ei fod yn ymwthio trwodd i'r ochr arall, a chan ei fod ar ffurf lletem, câi ei ddal yn ei le. Gyda'r peg hwn yr oedd modd 'hongian' y deilsen ar un o'r nifer o resi o estyll castan hollt a hoeliwyd ar drawstiau'r to. Yr oedd gan y teils carreg mwy yn aml ddau beg i helpu i gynnal eu pwysau. Amcangyfrifir fod angen rhyw 8,000 o deils carreg i doi eglwys Sant Teilo.

Ar ben y to, yr oedd angen teils crib fel bod y to'n dal dŵr. Gan i ni fod yn ddigon ffodus i ddod o hyd i deilsen grib ganoloesol gyflawn, a llawer o ddrylliau toredig, medrodd yr Amgueddfa gomisiynu copïau manwl gywir, a gosodwyd y rheini ar ben y toeau gyda morter calch.

Cyd-ddigwyddiad ffodus

Yn 2006, daeth cyfle i ddysgu mwy am sut y cynhyrchid calch yn y Canol Oesoedd. Tra'r oedd cyfarfod o Fforwm Calchau Adeiladu yn cael ei gynnal yn Sain Ffagan, daeth cais i adeiladu atgynhyrchiad o odyn galch o'r drydedd ganrif ar ddeg, yn seiliedig ar olion sylweddol y daethpwyd o hyd iddynt yng Nghastell Cilgerran yn Sir Benfro. Adeiladwyd yr odyn a'i danio'n llwyddiannus gan ddefnyddio gwahanol fathau o garreg galch a gwahanol fathau o lo, gan gynhyrchu calch brwd a ddefnyddiwyd wedyn i wneud morter a gwyngalch.

Roedd pob teilsen garreg wedi'i dal yn ei lle â pheg derw, fel bod modd ei hongian ar un o'r estyll pren castan hollt.

Gwnaed pum pâr
o drawstiau derw
newydd i do'r
gangell yn lle'r
trawstiau a osodwyd
yno ddiwedd
y 18fed ganrif.

Pren

Y to

Yr oedd fframwaith y to yn dipyn o her i seiri'r Amgueddfa. Dioddefasai llawer o'r pren o effeithiau'r tywydd a'r glaw, heb sôn am ymosodiadau pryfed. Yr oedd nifer ohonynt eisoes wedi cael eu trwsio o leiaf unwaith yn y gorffennol, a chawsai rhai eu hail-ddefnyddio mewn mannau gwahanol. Yr oedd yn hysbys, er enghraifft, nad oedd gwaith coed y gangell yn wreiddiol – pwynt a gadarnhawyd gan y dyddiad 1780 a gerfiwyd ar un o'r coleri.

Nid oedd mor hawdd dyddio gweddill y trawstiau a'r tulathau yng nghorff yr eglwys, yr eil, y porth a'r capel gogleddol. Er eu bod oll fwy neu lai yn debyg o ran cynllun – gyda'r gofod rhwng y goler a'r trawstiau ar ffurf arbennig meillionen bigfain – yr oedd 'teimlad' llawer mwy canoloesol i'r rhai yn y capel gogleddol na'r rhai yng nghorff yr eglwys. Penderfynwyd felly ceisio dyddio'r preniau trwy ddefnyddio dendrocronoleg – techneg lle mae patrwm bylchiad y blwyddgylchau yn cael ei gyfatebu i gyfres hysbys o flwyddgylchau dyddiadwy ar gyfrifiadur. Byddai haen allanol y gwynnin yn rhoi dyddiad cwympo'r goeden, weithiau o fewn mis neu ddau. Gan fod coed fframwaith fel arfer yn cael eu defnyddio yn 'wyrdd', hynny yw, newydd eu torri, mae'n aml yn bosibl gweithio allan ddyddiad defnyddio'r pren.

Yr oedd tri thrawst ar ôl yn y capel gogleddol, ond yr oedd yn amlwg y bu pedwerydd yno unwaith, a oedd wedi diflannu rywbryd. Trwy atgynhyrchu'r trawst colledig, cafodd y seiri gyfle i astudio'n uniongyrchol y technegau y buasai eu cymheiriaid canoloesol wedi eu defnyddio o dorri, cerfio a gorffen to canoloesol. Â llaw y gwnaed yr holl waith hwn, o dorri'r uniadau mortais a thyno a llunio'r cysbau gan ddefnyddio cynion, gyrdd a llifiau, i redeg y mowldinau addurnol ar hyd ymylon isaf y trawstiau gyda phlaeniau moldio, cynion a chrafwyr, a chreu gorffeniad llyfn yn y diwedd gyda neddyf. Pan ddaethpwyd i edrych ar breniau'r to yn yr eil ddeheuol a'r porth, fe welwyd, er bod llawer o'r uniadau mortais a thyno wedi diffygio, y byddai modd ail-ddefnyddio llawer o'r coed gwreiddiol trwy dorri allan yn ofalus y darnau oedd wedi eu difrodi ac asio neu 'sgarffio' darnau newydd i mewn. Cynhaliwyd profion llwytho ym Mhrifysgol Morgannwg i gadarnhau y byddai'r hen goed yn dal i allu cynnal pwysau'r to trwm â'i deils carreg.

Trawstiau a roddwyd i mewn o'r newydd yn yr ail ganrif ar bymtheg oedd y rhai yng nghorff yr eglwys, ac nid oedd ansawdd y derw cystal o bell ffordd, ac yr oedd y pigynnau a'r mowldinau heb eu diffinio mor glir â'r rhai yn y capel gogleddol. Yr oedd y rhan fwyaf hefyd mewn cyflwr gwael iawn, gyda phydredd helaeth a thoriadau mewn mannau hanfodol megis uniadau'r cribau a'r coleri. Penderfynwyd felly ail-greu

toeau'r corff a'r gangell yn eu cyfanrwydd, gan ddefnyddio'r trawstiau gwreiddiol yn y capel gogleddol fel patrymau, wedi eu chwyddo a'u haddasu ar gyfer eu lled. Am resymau technegol, nid oedd modd dyddio'r coedydd eraill yn fanwl gywir, ond o gymharu ag adeiladau eraill yn y cyffiniau, yr awgrym yw eu bod yn perthyn i gyfnod cynharach, a fwy na thebyg yn ganoloesol.

Y ffurfiau meillion pigfain a ffurfiwyd rhwng y trawstiau a'r coleri.

To newydd y
gangell, yn edrych
tuag at fwa'r
gangell a chorff yr
eglwys.

Y Groglen

Yr oedd cynllun eglwys ganoloesol yn seiliedig ar y syniad fod yr adeilad yn mynd yn gynyddol fwy sanctaidd, ac felly yn anos treiddio iddo, po bellaf i'r dwyrain yr aech. Yr allor yn y gangell, neu'r cysegr, oedd y man sancteiddiolaf, felly rhwng corff yr eglwys a'r gangell fe geid yn wastad ragfur symbolaidd na fyddai neb yn ei groesi fel rheol ond y clerigwyr. Mewn eglwysi plwyf, sgrin bren fyddai hon, neu un garreg weithiau.

Fel arfer, byddai bwlch drws yng nghanol y sgrin a phaneli agored o boptu, y gallai'r gynulleidfa weld trwyddynt at yr offeiriad yn gweinyddu'r Offeren wrth y brif allor. Uwchben y sgrin byddai canopi yn cynnal llwyfan gyda phaneli ar y tu blaen a'r cefn. Yr oedd trawst uchaf y panel yn cynnal cerfiadau o'r Crist croeshoeliedig gyda'r Forwyn Fair a Sant Ioan o boptu iddo, a adwaenid fel y 'grog'; dyna pam y'i gelwid yn groglen neu sgrin y grog. Byddai'r ffigyrau hyn wedi bod yn ganolbwynt llawer o'r defosiwn ac o'r herwydd buont yn darged i'r delwddryllwyr adeg y Diwygiad Protestannaidd. Cael eu dinistrio fu hanes y rhan fwyaf ohonynt, er i rai gael eu cuddio - efallai mai un o'r rhain yw'r ffigwr o Gemais Isaf yn Sir Fynwy. Adeg y Gwrthddiwygiad yn nheyrnasiad y Frenhines Mari, adferwyd rhai ohonynt, ond gydag eraill, paentiwyd golygfa o'r Croeshoeliad yn eu lle. Mae'n debyg mai dyma ddigwyddodd yn eglwys Sant Teilo, lle mae olion o Groeshoeliad wedi ei baentio ar ben bwa'r gangell.

Fe fyddai hefyd sgriniau 'parclos' yn gwahanu'r capeli deheuol a gogleddol oddi wrth y gangell, a sgrîn o bosibl ar draws yr eil. Byddai'r rhain yn debyg o ran cynllun i'r groglen, ond gyda drysau fel arfer a heb orielau.

Ychydig iawn o sgriniau sydd ar ôl yn ne Cymru; aeth y rhan fwyaf a lwyddodd i oroesi'r Diwygiad Protestannaidd neu'r dinistr systemaidd a ddilynodd y Rhyfel Cartref yn ysglyfaeth i esgeulustod y ddeunawfed ganrif a brwdfrydedd adnewyddwyr yn oes Fictoria. Fodd bynnag, er nad oedd dim ar ôl o'r sgrîn yn eglwys Sant Teilo, gadawyd tystiolaeth glir. O boptu bwa'r gangell yr oedd corbelau carreg, a fyddai wedi cynnal y trawst yng nghefn yr oriel. Yn uwch i fyny, ac i un ochr bwa'r gangell, yr oedd bwlch drws fyddai wedi arwain at yr oriel, a thu ôl i hwnnw, rhigol ar osgo a oedd, mae'n rhaid, wedi cynnal ysgol bren.

(Chwith) Y groglen wedi ei cherfio â llaw a'i haddurno'n llachar, o edrych arni o gorff yr eglwys. Defnyddiwyd eurddalen i amlygu llawer o'r llinellau manaf a'r manylion cerfiedig.

O gymharu ag eglwysi tebyg yn ne Cymru, y Mers a de-orllewin Lloegr, yr awgrym yw y buasai'r sgrîn wedi ei ffitio y tu mewn i fwa'r gangell tra bod yr oriel ar draws corff yr eglwys gyfan, ac felly dyma'r patrwm a ddewiswyd ar gyfer yr ail-adeiladu. O boptu bwlch canol y drws y mae lansedau pigfain agored uwch dado panelog, seiliedig ar esiamplau o Fro Morgannwg. Nid oes drysau, gan nad oes tystiolaeth o golfachau na chloeon ar y sgriniau sydd wedi goroesi. Mae bondo asennog i'r oriel a bwâu caeëdig ar y tu blaen, mewn deuddeg adran, seiliedig ar esiamplau yn y Mers. Mae'r trawstiau sy'n cynnal yr oriel, y mowldinau a'r sgroliau yn addurniadol iawn, unwaith eto yn seiliedig ar esiamplau gwreiddiol. Gan fod rhai esiamplau yn cynnwys golygfeydd o fuchedd y sant y cysegrwyd yr eglwys iddo, yn fwyaf arbennig Santes Melangell ym Mhennant Melangell, penderfynwyd ail-greu dilyniant o ddigwyddiadau o fywyd Sant Teilo. Mae'r rhain mewn arddull 'cartŵn stribed', y byddai modd eu 'darllen' gan bobl y cyfnod oedd yn hyddysg yn y chwedlau am y sant. Modelwyd y cerfiadau ar gerfiadau o'r cyfnod, megis ffrîs ar ffrâm gwely o Dderwydd yn Sir Gaerfyrddin.

Fel gweddill yr eglwys, byddai'r groglen wedi ei phaentio. Mae olion lliw mewn sgriniau megis y rhai yn y Drenewydd a Llangatwg Lingoed yn cadarnhau fod mowldinau yn cael eu hamlygu â lliw ag aur, ac weithiau â phatrymau megis cyplysau neu stribedi ar ddull polyn barbwr. Mae cyfeiriadau yng ngherddi'r cyfnod yn disgrifio blaen orielau wedi eu paentio â lluniau o'r Apostolion; dengys paentiadau o dde-orllewin Lloegr sydd wedi goroesi hwy yn cludo'r symbolau sy'n dweud pwy ydynt – oedd fel arfer yn arwyddion eu merthyrdod – neu yn cludo sgroliau gyda chymalau o Gredo'r Apostolion. Yr oedd confensiynau sefydledig ar gyfer darlunio'r apostolion – byddai Pedr, er enghraifft, yn wastad yn cael ei ddangos gyda barf sgwâr, Ioan fel gŵr ifanc, a Paul fel dyn moel â

Cerfiwyd y ffrisiau, y paneli a'r mowldinau gan Brif Saer yr Amgueddfa, Ray Smith.

barf bigfain – a byddai hyn, ynghyd â'u symbolau, yn eu gwneud yn hawdd i'w hadnabod yn syth i gynulleidfaoedd y cyfnod (gweler hefyd dudalen 96).

Ar ben y sgrîn fel y'i hail-godwyd y mae symbolau'r Dioddefaint, a gwelir enghreifftiau eraill o'r rhain ar y paentiadau. Hefyd mae enw'r crefftwr a'r dyddiad cwblhau, nodwedd a geir weithiau ynghudd yng ngherfwaith y sgriniau gwreiddiol. Nid yw'r sgriniau parclos mor gymhleth ac addurniedig â'r groglen, ac y maent yn seiliedig ar nodweddion a gofnodwyd yng Ngwernesni a mannau eraill.

Y cerfluniau pren canoloesol o Gemais Isaf a Mochdre oedd y modelau ar gyfer y ffigyrau cerfiedig ar frig y groglen, a dangosant hefyd fod y cerfluniau hyn wedi eu paentio'n llachar, fel yr holl gerfluniau eraill yn yr eglwys. Fel gyda'r paentiadau, mae'r cerfiadau yn pwysleisio dynoliaeth Iesu yn ei ddioddefiadau, a loes y rhai a safai wrth droed y Groes. Mae'r cerfluniau yn rhedeg yn weledol gyfochrog â'r geiriau a'r gweithredoedd symbolaidd a ail-adroddir bob tro y gweinyddir yr Offeren, yn goffa cyson i'r addolwyr o gost annirnad ein prynedigaeth.

Yr artist Fleur Kelly yn paentio un o'r Apostolion ar du blaen y groglen.

Gwydr

Dengys y gwydr lliw canoloesol sydd wedi goroesi mor ysblennydd yn llawer o gadeirlannau mawr ac eglwysi plwyf Prydain mor bwysig oedd ffenestri gwydr i addolwyr Cristnogol yn y Canol Oesoedd. Cwestiwn pwysig i dîm eglwys Sant Teilo oedd a fu gan gynulleidfaoedd canoloesol yr eglwys fechan anghysbell Gymreig hon hefyd ffenestri gwydr addurnol i ategu eu haddysg ysbrydol.

Ni ddaethpwyd o hyd i unrhyw ddarnau o wydr ffenestri canoloesol eto ar safle gwreiddiol eglwys Sant Teilo, ac ni ddaeth unrhyw dystiolaeth ddogfennol am ffenestri i'r fei hyd yma. Yn ffodus, fodd bynnag, y mae olion dwy ffenestr ganoloesol y daethpwyd o hyd iddynt wrth ddatgymalu'r eglwys yn awgrymu fod gwydr ynddynt. Y mae gan y ffenestr dau-agoriad gyda mwliwn carreg o ddiwedd y bedwaredd ganrif ar ddeg neu ddechrau'r bymthegfed, a ddarganfuwyd dan y gwyngalch a'r rendrad ym mhen dwyreiniol yr eil ddeheuol, fwa rabedog i ganiatáu ffitio rhyw fath o ffenestr ar ei wyneb mewnol. Mae'n debyg fod y ffenestr arall, rhan uchaf ffenestr dau-agoriad *cinquefoil* ar ffurf pigyn ym mur dwyreiniol y capel, yn rhan o'r gwaith adnewyddu sylweddol fu ar yr eglwys yn niwedd y bymthegfed ganrif. Mae rhigol ar gyfer gwydr yn y gwaith maen, yn ogystal â rhabedau ar gyfer *ferramenta* (barrau heyrn y clymid gwaith plwm y ffenestr iddynt), sef y dystiolaeth orau fod gwydr yn y ffenestr hon a phob ffenestr arwyddocaol arall. Mae'n rhesymol tybio i'r un patrwm ffenestri gael ei ddefnyddio yn yr eglwys gyfan yr adeg hon, ac eithrio am y ffenestr gynharach sydd newydd ei chrybwyll eglwys.

Yr her oedd darganfod tystiolaeth am ba fath o ffenestri oedd y rhain. Mae gan Gymru rai ffenestri gwydr lliw canoloesol ysblennydd iawn, a llawer ohonynt yn dyddio o tua 1485-1515, y cyfnod iawn ar gyfer cymharu ag eglwys Sant Teilo. Yn anffodus, yn y gogledd y mae'r rhain bron i gyd, ac mewn eglwysi llawer mwy mawreddog megis Llanrhaeadr, Llandyrnog neu Gresffordd. Gall ffenestri gogledd Cymru awgrymu pynciau a chyfansoddiadau addas i ffenestri'r cyfnod, neu gynlluniau dail a blodau addas i chwarelau paentiedig (y paneli gwydr bach), ond ni fyddant ond yn anuniongyrchol berthnasol i Sant Teilo.

Y mae'r dystiolaeth o wydr lliw canoloesol yn ne Cymru yn brin ac yn bytiog. Mae'r ffaith fod cyn lleied wedi goroesi yn awgrymu fod ffenestri gwydrog, ac yn enwedig rhai cain a drud, wedi bod yn brin erioed. Yn Sir Fynwy, erys darnau gwasgaredig o ffenestri darluniadol canoloesol yn eu llefydd gwreiddiol mewn nifer o eglwysi, megis Sant Cadoc yn Llangatwg Lingoed. Yma mae'n debyg i'r ffenestri gael eu malu yng nghanol yr ail ganrif ar bymtheg a chwarelau plaen o wydr lledwyrdd gwael ei ansawdd cael eu

(Y tudalennau sy'n dilyn) Paentiwyd symbolau'r Dioddefaint ar rai o'r cwarelau gwydr gan fyfyrwyr o'r Ysgol Gwydr Pensaernïol, Prifysgol Fetropolitan Abertawe.

rhoi yn eu lle, ond erys elfennau o ffenestri cynharach o wahanol ddyddiadau. Ymysg y rhain mae ffenestr yn dangos Pren y Bywyd llwydlun paentiedig o'r drydedd ganrif ar ddeg, ffenestr gyda bargod o'r bedwaredd ganrif ar ddeg ac un arall o ddiwedd y bymthegfed neu ddechrau'r unfed ganrif ar bymtheg sy'n dangos rhan o lawr brith. Yr oedd o leiaf beth o'r treswaith mewn gwydr gwyn plaen.

Mewn mannau eraill yn Sir Fynwy, mae darnau o ddiwedd y bymthegfed ganrif yn llenwi ffenestr orllewinol eil ddeheuol eglwys Sant Tewdrig ym Matharn, gan gynnwys paneli arfbeisiol sy'n gysylltiedig â John Marshall, Esgob Llandaf (1478-96). Y mae gan eglwys y Santes Brid yn Ynysgynwraidd nifer o chwarelau, borderi a motiff coron ailadroddus o'r bedwaredd ganrif ar ddeg i'r unfed ganrif ar bymtheg yn ffenestr ddwyreiniol y gangell. Mae ffenestr y gangell ogleddol yn eglwys y Fair Forwyn Fendigaid yn Llanfair Cilgedin hefyd yn cynnwys darnau canoloesol. Yr un mwyaf cyflawn i oroesi yw panel yn dangos Sant Siôr yn nhŷ Cil-Llwch Fawr yn Llandeilo Gresynni, sydd wedi dod, hwyrach, o'r eglwys gerllaw – hefyd wedi enwi ar ôl Sant Teilo.

Mae tystiolaeth a gloddiwyd hefyd yn cefnogi bodolaeth rhai mathau o ffenestri a allasai fod wedi addurno eglwys Sant Teilo. Cloddiwyd gwydr diaper plaen o Abaty Llanddewi Nant Honddu yn Sir Fynwy. Yng Nghaerdydd, mae darnau o safleoedd y Brodyr Duon a'r Brodyr Llwydion yn rhoi esiamplau o wydr llwydlun paentiedig yn ogystal â phatrymau geometrig, pensaernïol a dail ar y borderi. Ymhellach i'r gorllewin, datgelodd gwaith cloddio yn Nhŷ'r Brodyr Llwydion yng Nghaerfyrddin nid yn unig amryfal ddrylliau gwydr gydag addurn dail iorwg, ond hefyd olion dau banel ffenestr gyda borderi geometrig syml tebyg, y naill a'r llall yn ymgorffori peth addurn paentiedig a gwydr lliw coch a glas. Yn ddiddorol iawn, mae ar un o'r paneli hyn arfbais oedd, mae'n debyg, yn perthyn i Walter Bluet, Dirprwy Brif Ustus yng Nghastell Caerfyrddin ym 1380, sy'n awgrymu dyddiad o ddiwedd y bedwaredd ganrif ar ddeg.

Mae tystiolaeth o Abaty Nedd, y tŷ Sistersaidd cyfoethog yr oedd Llandeilo Tal-y-bont ar dir yn ei feddiant, hefyd yn ffafrio presenoldeb ffenestri gwydr yn Sant Teilo. Ym 1504 derbyniodd yr abaty gymynrodd tuag at wydro ei ffenestr orllewinol. Ymwelodd y bardd Lewis Morgannwg tua 1520, gan ei ddisgrifio fel 'palas i'w gymharu â theml Solomon' a chan sylwi fod arfbeisiau yn y ffenestri gwydrog. Efallai fod gan eglwys Sant Teilo o leiaf un ffenestr arfbeisiol yn coffáu noddwr lleol, efallai yng nghapel Gronow. Ni wyddom eto beth oedd arfbais Gronow, ond gallai teils arfbeisiol o'r bedwaredd ganrif ar ddeg o Abaty Nedd roi dewis arall credadwy, megis John de Norris, un o gymwynaswyr yr Abaty.

I ddechrau, gwydrwyd yr eglwys â ffenestri â chwarelau o wydr gwyn plaen a chwythwyd â llaw, oedd yn caniatáu i waith gychwyn ar y murluniau ac yn rhoi amser i ffenestri

priodol gael eu cynllunio, eu comisiynu, eu gwneud a'u gosod. Cynigiwyd cynllun ar gyfer y dyfodol sydd yn adlewyrchu natur ddiymhongar yr eglwys, gwahanol gyfnodau ei hadeiladu, ac, ar gyfer eglwys a allasai fod wedi bod ar un o lwybrau'r pererinion i Dyddewi, posibilrwydd rhoddion gan noddwyr o bryd i'w gilydd. Bydd y ffenestri dau-agoriad yn gweithio orau gyda pharau o wrthrychau. Byddai modd cael ffigwr cymwynaswr ac arfbais yn arddull y cyfnod o tua 1400 yng nghapel Gronow. Gallai ffenestr y gangell ddwyreiniol, mewn arddull o ddiwedd y bymthegfed ganrif, ddangos pâr o seintiau megis Dewi a Theilo, neu bynciau gwrthgyferbyniol o'r Hen Destament a'r Newydd, neu Groeshoeliad ac Atgyfodiad. Gallai ffenestri eraill yn yr eglwys fod â chwarelau diemwnt plaen neu o bosibl chwarelau gyda motiffau blodau neu ddail wedi eu paentio. Byddai modd gwneud yr agoriad yn y grogloft o gorn, a gellid gadael yr un agoriad pen-sgwâr yn nhalcen capel Gronow heb wydr neu ei gorchuddio â lliain cwyrog.

Gallai tystiolaeth sydd wedi goroesi yn yr eglwys ei hun gyfrannu at gynllun y ffenestri. Byddai modd adleisio patrymau paentiedig y borderi ac arfbais baentiedig na wyddom ei manylion eto yn y ffenestri, er enghraifft. Er hynny, bydd yn bwysig iawn astudio ffenestri sydd wedi goroesi mewn rhannau eraill o Brydain cyffelyb eu cymeriad i dde-orllewin Cymru. Mae gwydr diddorol yn rhai o eglwysi llai a mwy anghysbell gogledd Cymru, megis y Sant Cristoffer naïf braidd o ddechrau'r unfed ganrif ar bymtheg yn Nolwyddelan. Rhai o'r mannau eraill mwyaf buddiol, serch hynny, yw Cernyw, sydd â defosiwn tebyg i seintiau lleol, gogledd Dyfnaint ac, i raddau, Swydd Gaerloyw, lle mae nifer o eglwysi gweddol fychain â ffigyrau o seintiau a noddwyr, arfbeisiau a borderi a chwarelau patrymog. Mae gan briordy Dewi Sant yn Abertawe ffenestr Atgyfodiad o'r bymthegfed ganrif a ddaeth, fwy na thebyg, o Ddyfnaint.

A derbyn bod dyfalu yn elfen fawr o unrhyw ffenestri addurnol a osodir yn eglwys Sant Teilo, yr oedd yn bwysig, er hynny, bod yn bwyllog a chymryd amser i ddatblygu cynllun mor gredadwy a dilys ag sydd modd. Yn y pen draw, y gobaith yw y bydd ymwelwyr â'r eglwys ar ei newydd wedd, yng ngeiriau'r mynach Almaenig Theophilus o'r ddeuddegfed ganrif yn ei draethawd ar wydr lliw, yn gallu mwynhau 'helaethrwydd y goleuni o'r ffenestri ... harddwch digymar y gwydr a'r crefftwaith anfeidrol goeth ac amrywiol.'

Serameg

Gwnaed teils serameg ar gyfer cribau toeau yng Nghymru a Lloegr o ddiwedd y drydedd ganrif ar ddeg ymlaen, ac arferid defnyddio llawer arnynt tan ddechrau'r unfed ganrif ar bymtheg. Ail-greodd y crochenydd arbenigol John Hudson deils crib ar gyfer eglwys Sant Teilo yn seiliedig ar esiampl a oroesodd o'r canol oesoedd diweddar ac a ddarganfuwyd yn yr eglwys. Fel y teils crib gwreiddiol, mae gan yr atgynyrchiadau gribau a dociwyd â llafn. Y mae llinellau tonnog cribedig neu rigolau, fel oedd yn gyffredin, yn addurno'r deilsen; yr oedd gwaniadau yn ochrau'r cribau – yn yr achos hwn, wedi eu gwneud gan fysedd y teilsiwr – yn creu rhigolau fertigol bas, a defnyddiwyd erfyn i wneud ôl triongl. Yn y drydedd ganrif ar ddeg a'r bedwaredd, yr oedd cynhyrchion diwydiant crochen-waith y Fro yn tra-arglwyddiaethu yn ardal Caerdydd/Y Barri ac yr oedd eu priddlestri yn cael eu masnachu ar hyd y glannau cyn belled â Gŵyr, Caerfyrddin a Sir Fynwy. Cafwyd cadarnhad fod teils crib o grochenwaith y Fro wedi eu gwneud yn agos i Gaerdydd pan ddarganfuwyd yn 2001 wastlestri (darnau amherffaith a daflwyd o'r neilltu) y tu allan i Gastell yr Esgob yn Llandaf, a gychwynnwyd gan yr Esgob William de Braose (1266-87). Fodd bynnag, y mae cynllun y deilsen grib sydd wedi goroesi yn Llandeilo Tal-y-bont yn debyg i'r teils crib a gafwyd yn ne-orllewin Cymru, sydd yn awgrymu ffynhonnell fwy lleol i eglwys Sant Teilo.

Dechreuodd lloriau wedi eu palmentu â theils pridd ymddangos ym Mhrydain yn yr unfed ganrif ar ddeg, er mai mewn abatai mawrion yn unig y defnyddid hwy i ddechrau. Yr oeddent yn ffasiynol dros ben ymysg haenau uchaf y bonedd yn Lloegr yn y drydedd ganrif ar ddeg, gan barhau i gael eu defnyddio tan yr unfed ganrif ar bymtheg a thu hwnt, ond yr oeddent yn rhy ddrud erioed i gael eu defnyddio yn helaeth. Pridd curiedig a slabiau cerrig oedd yn gorchuddio lloriau'r rhan fwyaf o adeiladau, gan gynnwys cyrff eglwysi. Er hynny, fe allasai prif allorau ac allorau ochr eglwysi'r plwyf fod â theils, naill ai yn uniongyrchol ar y llawr neu ar ris esgynedig (y *predela* neu'r troedle). Cofnodwyd teils llawr

Defnyddiwyd teils crib gwydrog canoloesol, megis hon y daethpwyd o hyd iddi gerllaw'r eglwys, fel patrymau ar gyfer yr atgynyrchiadau.

Seiliwyd teils y llawr, a wnaed gan John Hudson o Orllewin Swydd Efrog, ar deils gwydrog canoloesol gwyrdd a melyn y daethpwyd o hyd iddynt mewn nifer o eglwysi yn ne Cymru.

mewn nifer o eglwysi plwyf yn ne Cymru, megis Sant Ioan Fedyddiwr yng Nghaerdydd, Caeriw-Cheriton yn Cosheston, y Santes Fair yn y Drenewydd, Sant Ioan yn Slebech, y Santes Fair yn Ninbych-y-pysgod, Llangatwg Dyffryn Wysg yn Sir Fynwy a Llanilltud Fawr ym Mro Morgannwg. Mae rhai yn deils enosodedig, tra bo eraill yn blaen.

Er na ddaethpwyd o hyd i unrhyw ddarnau o deils llawr yn eglwys Sant Teilo, byddai peth addurno ar y llawr o gwmpas yr allorau yn niwedd y bymthegfed ganrif neu'r unfed ganrif ar bymtheg yn gydnaws â'r swm sylweddol a wariwyd i addurno'r muriau. Yn ystod y cyfnod hwn, mewnforiwyd teils llawr nodedig o liw golau wedi eu gwydro â gwyrdd a melyn llachar, o Ffrainc, o rywle yn Nyffryn y Seine mae'n debyg, er mwyn ateb y galw am ail-lorio mynachdai. Mae tystiolaeth ddogfennol ar gael o lwythi yn cael eu hallforio trwy Rouen a Le Havre rhwng tua 1490 a 1530. Daethpwyd o hyd iddynt mewn adeiladau amrywiol eu maint, yn aml yn rhai oedd â chysylltiadau mynachaidd o ryw fath. O gofio'r cysylltiad rhwng Abaty Nedd ac eglwys Sant Teilo, comisiynwyd John Hudson i gopïo'r gwaith gwydr Ffrengig a ddarganfuwyd yn Abaty Nedd, ar sail darnau o gasgliadau'r Amgueddfa. Y canlyniad yw patrwm aur a gwyrdd hynod trawiadol.

Y gloch

Erbyn dechrau'r ddeunawfed ganrif, cafwyd cloch newydd yn lle cloch wreiddiol eglwys Sant Teilo. Castiwyd y gloch newydd gan ffowndri William Evans yng Nghas-gwent, yn 1728. Fe'i gosodwyd yn y cwt cloch newydd adeg ail-adeiladu talcen gorllewinol yr eglwys ym 1736; cofnodwyd hyn ar blac carreg a osodwyd i mewn yn y mur, gyda'r llythrennau 'W I:E' a'r dyddiad. Yn anffodus, diflannodd y gloch hon yn ystod y 1970au, yn fuan wedi rhoi'r gorau i ddefnyddio'r eglwys ar gyfer y gwasanaethau blynyddol ym misoedd yr haf. Penderfynodd yr Amgueddfa felly gomisiynu cloch newydd, ond un wedi ei chastio yn ôl cynllun canoloesol fyddai'n gydnaws â'r adeilad ar ei newydd wedd. Wedi chwilio ar draws ac ar hyd, daethpwyd o hyd i gloch addas o'r bymthegfed ganrif yn Eglwys Sant Illtyd yn Llanilltud Fawr, Morgannwg. Er nad oedd bellach yn cael ei defnyddio a'i bod wedi cracio'n ddrwg, yr oedd yn meddu ar holl briodweddau nodweddiadol clychau eglwys o'r Canol Oesoedd, ac fe'i dewiswyd felly fel patrwm ar gyfer y gloch newydd.

Y ffowndri glychau a ddewiswyd i'w chastio, yn 2006, oedd Taylor, Eayre & Smith, yn Loughborough, sydd yn fwyaf adnabyddus mae'n debyg am gastio'r gloch fwyaf ym Mhrydain, sef 'Great Paul' yn Eglwys Gadeiriol Sant Paul, ym 1881. Er nad yw mor fawreddog, castiwyd cloch eglwys Sant Teilo hefyd gan ddefnyddio'r un technegau ag a ddefnyddiwyd ers canrifoedd, ac fel llawer o glychau canoloesol, mae gweddi yn Lladin o gwmpas y goron, sef *SANCTE TELIAVE ORA PRO NOBIS*, yr hyn o'i gyfieithu yw 'Sant Teilo, gweddïa drosom'.

Paratoi'r mowld i gastio'r gloch yn ffowndri Taylor, Eayre a Smith yn Loughborough. (2006)

(Dde) Y gloch newydd, ar gynllun canoloesol, wedi ei gosod yn y cwt cloch.

Paent

Ers dechrau Cristnogaeth fel sect dan erledigaeth yn yr Ymerodraeth Rufeinig, mae Cristnogion wedi paentio waliau eu hadeiladau. Bwriedir i'r paentiadau hyn fod yn arfau ysbrydol ar gyfer dysgu ac yn gymorth i weddi a defosiwn. Ym Mhrydain, mae paentiadau wedi goroesi o'r ddegfed/unfed ganrif ar ddeg ymlaen a dangosant, fel gydag agweddau eraill o grefydd gyfundrefnol, fod eglwysi yng Nghymru yn defnyddio'r un amrywiaeth o gynlluniau a delweddau â holl wledydd Cristnogol y gorllewin.

Nid oedd eglwys ganoloesol yn debyg o gwbl i eglwysi heddiw. Nid hafan dawel o blastr gwyn ydoedd: yr oedd yn llawn seintiau ac angylion, yn sbleddach o liw, a hynny wedi ei fwriadu i helpu cynulleidfa oedd i raddau helaeth yn anllythrennog i ddeall a chymryd rhan yn nirgelwch iachawdwriaeth a welid yn wythnosol yng ngwasanaeth yr Offeren. Yr oedd paentiadau yn ffordd o ddysgu pobl yr hyn y dylent gredu ynddo a sut yr oedd byw'r bywyd Cristnogol. Byddai golygfeydd Beiblaidd yn amlinellu hanes iachawdwriaeth 'o amser ein hanufudd-dod cyntaf' gan Adda ac Efa at weledigaeth apocalyptaidd y farn fawr. Dangosai Bywydau'r Saint sut y bu i eraill fyw a marw dros eu ffydd. Yn olaf, byddai darluniau symbolaidd gyda moeswersi cryf yn dangos sut yr oedd diwinyddiaeth a dysgeidiaeth foesol yn gweithio yn ymarferol. Er fod pregethwyr – clerigwyr yr eglwys a brodyr teithiol - yn esbonio llawer o'r ddysgeidiaeth hon, byddai yn adeilad yr eglwys ei hun bethau i atgoffa'r gynulleidfa bob dydd mewn ffurf yr oeddent yn ei ddeall.

Am wahanol resymau, cymharol ychydig o furluniau canoloesol sydd wedi goroesi mewn eglwysi yng Nghymru. Fodd bynnag, y mae enghreifftiau o bob un o'r prif grwpiau o bynciau a geir ledled Prydain.

Yn gyntaf, yr oedd ffigyrau a golygfeydd o'r Beibl, ond yn canolbwyntio ar fywyd, angau, atgyfodiad ac Ail Ddyfodiad Iesu Grist. Dysgeidiaeth sylfaenol yr eglwys bryd hynny, fel yn awr, yw neges iachawdwriaeth – fod Iesu wedi dod i'r byd i achub pechaduriaid, ac mai ef oedd y Meseia neu'r Crist a ragfynegwyd yn yr Hen Destament ac a ddatgelwyd i ddynol ryw yn y Testament Newydd. Felly nid yw'n syndod fod y rhan fwyaf o'r paentiadau yn canolbwyntio ar hanes Crist. Dau destun yn unig o'r Hen Destament sy'n hysbys yng Nghymru: paentiad a all fod o Ddafydd Frenin yn Sant Steffan yn Llansteffan, ac Adda ac Efa yn Sant Ellyw yn Llaneleu.

Y paentiadau pwysicaf o bell ffordd oedd y rhai yn ymwneud â hanes Iesu, o'i enedigaeth – mae Addoliad y Doethion ar nenfwd y gangell yn Sant Elian yn Llaneilian-

(Dde) Rhan o'r Disgyniad, yn dangos Crist yn cael ei gymryd i lawr o'r Groes. Mae'r paentiad, a wnaed gan ddefnyddio pigmentau naturiol, yn seiliedig ar dorlun pren o ddechrau'r 16eg ganrif.

Sant Cristoffer, yn
ei safle arferol
gyferbyn â'r porth
deheuol.

yn-rhos – at ei Ddioddefaint a'i angau – fel yn Sant Wyddyn yn Llanwddyn, sydd, gwaetha'r modd, wedi ei ddinistrio, a chroeshoeliadau yn Eglwys Gadeiriol Tyddewi ac eglwys y Santes Fair yn Ninbych-y-pysgod.

Ym mhob eglwys, bron, fe geid paentiad o stori olaf hanes yr iachawdwriaeth, sef y Farn Fawr. Byddai'r darluniau hyn fel rheol uwchben bwa'r gangell, yn y fan lle mae'r rhaniad litwrgaidd rhwng ardal y bobl ac ardal y clerigwyr, sy'n symbol o'r rhaniad rhwng daear a nef. Yn yr unig esiampl sydd wedi goroesi o Gymru, yn Sant Giles yn Wrecsam, gwelir y Crist atgyfodedig yn eistedd ar enfys, gyda seintiau ac angylion o boptu iddo yn cludo arwyddluniau'r Dioddefaint. Wrth ei draed y mae'r meirwon yn codi o'u beddau, ac o boptu y mae'r rhai bendigaid yn gorymdeithio i'r ddinas nefolaidd, a'r damnedigion yn diflannu i safnau uffern. Mae fersiwn symlach i'w chael ar baneli'r groglen o Laneilian-yn-rhos; mae'n cynnwys Sant Mihangel yn pwyso eneidiau, sydd hefyd yn cael ei ddarlunio yn eglwys Sant Cybi yn Llangybi.

Yn ail, yr oedd golygfeydd o fywydau'r Saint, a'r rhain yn aml yn chwedlonol. Weithiau, darluniadau unigol oedd y rhain fel y ddwy Fair yn Llanilltud Fawr, neu weithiau olygfa megis Sant Siôr a'r ddraig yn Llancarfan. Mae pâr o olygfeydd yn Nhregolwyn yn darlunio dau ddigwyddiad o fywyd Sant Nicolas, mae'n bosib y bu cylch bywyd y Santes Gwenffrewi yn ei heglwys yn Nhreffynnon.

Fodd bynnag, yr oedd un sant yn anad neb i'w weld ym mhob eglwys, bron, ac yn yr un lle bron yn ddi-ffael, sef Sant Cristoffer. Yn ôl coel o'r canoloesoedd diweddar, medrai edrych ar ddelwedd o Sant Cristoffer, oherwydd ei enw 'Cludwr Crist', eich cynorthwyo i gael marwolaeth dda, mewn geiriau eraill, un â'r cyfle i baratoi, cymodi â Duw a derbyn sagrafennau'r eglwys. Byddai ei lun felly yn cael ei osod gyferbyn â phrif borth yr eglwys, fel y gallai'r ffyddloniaid edrych i mewn heb hyd yn oed orfod mynd i mewn i'r adeilad. Y mae dwy enghraifft goeth o'r darlun hwn wedi goroesi, yn Llanilltud Fawr a Llanynys. Yn y naill a'r llall, mae Sant Cristoffer yn cario ffon enfawr ac yn cludo'r plentyn Crist ar ei ysgwydd, yn rhydio afon llawn pysgod; ar y lan saif meudwy bychan gyda lamp o flaen ei gell.

Yn drydydd, fe geid ffigyrau a golygfeydd eraill gyda moeswers, yn aml o chwedlau canoloesol. Efallai i chwedl y Tri Byw a'r Tri Marw (lle daw tri sgerbwd ar draws parti hela, gyda'r neges 'yr hyn ydwyf i, fe fyddi di'), gael ei phaentio yn Llancarfan. Cafodd golygfa fwy siriol, y Saith Gweithred Drugarog, fel y'u disgrifir ym Mathew 25, ei darganfod wedi ei chadw mewn cyflwr rhyfeddol yn Rhiwabon, lle dengys cyfres o bortreadau bychain roddwyr trugarog, pob un wedi ei gymell gan angel, yn helpu'r anffodusion – y newynog, y tlawd, y noeth ac ati. Ar ochr arall y glorian, erys y Saith Pechod Marwol yn Llangar fel cyfres o anifeiliaid arwyddluniol gyda'u marchogion: mae modd adnabod y baedd (glythineb), llew (balchder) a'r hydd (anlladrwydd).

Llun a welir yn amlach yw'r hyn a adwaenir fel Crist y Sul, lle'r amgylchynir y Crist clwyfedig ag arfau byw beunyddiol. Y neges yw bod Crist yn dal i ddioddef o ganlyniad i bechodau sy'n cael eu cyflawni mewn bywyd beunyddiol, yn enwedig gweithio ar y Sabath. Mae enghraifft gyflawn wedi goroesi yn Llangybi.

Erbyn diwedd y Canol Oesoedd, cynyddai'r dadleuon diwinyddol am baentiadau, yn troi o amgylch y perygl y gallai paentiadau yn ogystal â cherfluniau ddod yn wrthrychau addoliad yn eu hawl eu hunain. Yn dilyn y Diwygiad Protestannaidd, cyhoeddwyd cyfres o gyfarwyddiadau swyddogol – y diweddaraf wedi'r Rhyfel Cartref – yn mynnu symud paentiadau o eglwysi, a rhoi yn eu lle destunau o'r Beibl neu'r Llyfr Gweddi. Newidiodd hyn holl olwg addurn eglwysi; cafodd eglwysi eu gwyngalchu, a gosodwyd testunau paentiedig, rhai yn Saesneg, rhai yn Gymraeg, yn dibynnu ar y dyddiad ac iaith arferol y plwyf. Wedi'r Adferiad ym 1660 byddai'r Arfbeisiau Brenhinol yn cael eu harddangos yn rheolaidd, ac y mae esiampl dda o hyn yn Llangar.

Gwnaed i ffwrdd â'r rhan fwyaf o'r rhain hefyd yn ystod y gwaith adfer yn oes Fictoria. Serch hynny, erys llawer dan y gwyngalch, ac y maent yn cael eu datgelu wrth wneud gwaith trwsio gofalus, fel y darganfyddiadau diweddar yn y Drenewydd yn Notais a Llancarfan.

Y murluniau yn eglwys Sant Teilo

Yr oedd gan eglwys Sant Teilo furluniau o saith dyddiad gwahanol o leiaf. Yn y cynharaf y gwyddom amdano yr oedd paentiad cain o'r Santes Catrin, a ddyddiwyd i ddechrau'r bymthegfed ganrif ar sail ei gwisg. Yr oedd ganddi dalcen uchel, gwallt golau llaes, eurgylch a choronig; safai o flaen olwyn bigog, a chludai gleddyf yn ei llaw dde, symbolau ei merthyrdod. Dros yr haen hon, paentiwyd y dilyniant o ddechrau'r unfed ganrif ar bymtheg a atgynhyrchwyd yn yr eglwys ar ei newydd wedd, yn adrodd hanes y Dioddefaint, ynghyd â phaentiadau o seintiau ac angylion.

Adeg y Diwygiad Protestannaidd, gorchuddiwyd yr holl baentiadau gweladwy â gwyngalch. Efallai bod olion Croeshoeliad ar fwa'r gangell yn dyddio o gyfnod y

Arestio Crist yng Ngardd Gethsemane, wedi ei baentio ar fur gogleddol y corff; mae'r darlun yn seiliedig ar dorlun pren o ddechrau'r 16eg ganrif.

Frenhines Mari, i gymryd lle'r ffigyrau cerfiedig ar y grog a ddinistriwyd adeg Edward VI. Wedi'r Diwygiad Protestannaidd, yr oedd waliau eglwysi yn dal i gael eu haddurno, ond gyda thestunau yn hytrach na lluniau. Goroesodd darnau o ddau *Paternoster* yn Gymraeg o ddiwedd yr unfed ganrif ar bymtheg. Ar wal ogleddol y gangell yr oedd arysgrif y tu mewn i ffrâm fwaog gyda 'gleinio' oren. Mae arddull y sgript llythyren-ddu yn awgrymu dyddiad cyn y Rhyfel Cartref. Ail-baentiwyd yr eglwys ar raddfa fawr am y tro olaf ym 1715, pryd yr ail-baentiwyd pob un, bron, o furiau'r eglwys yn yr arddull fwyaf cyfoes. Cofnododd arysgrif mewn llythrennu Rhufeinig caligraffaidd cain ddyddiad yr ail-baentio ac enwau wardeiniaid yr eglwys. Ar wal ogleddol corff yr eglwys yr oedd Arfbais Frenhinol enfawr, a gweddillion Gweddi'r Arglwydd yn Saesneg o'r ddeunawfed ganrif y tu mewn i ddynwarediad o ffrâm llun gyda 'cherfio' coch cain. Ar ochr arall yr eglwys, ar ben dwyreiniol wal ddeheuol yr eil, yr oedd y Deg Gorchymyn mewn dau banel mawr bwaog. Ar ochr ogleddol bwa'r gangell yr oedd darn o arysgrif o Eseia 52:7, ac uwchben hwn yr oedd olion arysgrif o ddiwedd y ddeunawfed ganrif.

Y paentiadau mwyaf diddorol, fodd bynnag, oedd y rhai a baentiwyd rhwng tua 1490 a 1530. Y Cylch Dioddefaint yw'r darluniau mwyaf manwl sydd wedi goroesi yng

Nghymru. Y mae'n nodweddiadol o ffocws y Canol Oesoedd diweddar ar wirionedd cignoeth dioddefaint Crist. Mae gwaed yn llifo o'i glwyfau ac y mae ei lygaid yn llawn loes a thrueni. Fodd bynnag, mewn ffyrdd eraill mae'r dilyniant hwn o baentiadau yn unigryw. Adroddwyd yr hanes nid yn nhrefn amser ond fel cyfres o fyfyrdodau ar y digwyddiad a'r arteffactau dan sylw, sef 'Offerynnau'r Dioddefaint'. Yr oedd gweddïau a myfyrdodau yn canoli ar yr Offerynnau yn rhan bwysig o ddefosiwn diwedd y canol oesoedd, ond er eu bod yn aml yn cael eu cerfio neu eu paentio ar dariannau ar doeau, croglenni a beddrodau mewn eglwysi, mae'n anarferol eu gweld yn cael eu defnyddio mewn murluniau.

Uwch linter y ffenestr yng nghanol yr eil ogleddol yr oedd Gwawdio Crist yn ei brawf. Yn y canol, yn wyneb llawn, yr oedd ffigwr Crist, gydag eurgylch a llygaid mawr sydd yn eich swyno. Mae'n anodd yn awr gweld y goron ddrain ond y mae gwaed yn diferu i lawr ei dalcen a'i wyneb. I'r dde a'r chwith y mae proffil dau ddyn, yn ddigrifluniau bwriadol gyda thrwynau mawr a'u hwynebau yn or-ystumiau o gasineb. Maent yn poeri, a syrth defnynnau o boer oddi ar wyneb Crist. Mae'r ffigwr ar y chwith yn gwisgo het gyda chorun gwastad a chantel wedi ei throi i fyny a thorluniau manwl, ac y mae hyn yn awgrymu dyddiad yn niwedd y bymthegfed ganrif ar y cynharaf.

Ar oledd dwyreiniol yr un ffenestr yr oedd angel, yn cludo tarian yn dwyn y Tair Hoelen, un o Offerynnau traddodiadol y Dioddefaint. Mae'r ffigwr yn edrych i mewn i'r ffenestr, fel petai'n awgrymu fod mwy o'r hanes i'w ganfod yn y gwydr paentiedig. Gyferbyn â hyn, ar wal ddeheuol corff yr eglwys, yr oedd y llun a adwaenid fel Delwedd Tosturi. Yr

Gwawdio Crist yw un o'r delweddau mwyaf graffig a difrifol a ddatguddiwyd yn yr eglwys. Paentiwyd y llun gwreiddiol tua 1500; mae i'w weld yn awr yn Amgueddfa Genedlaethol Caerdydd.

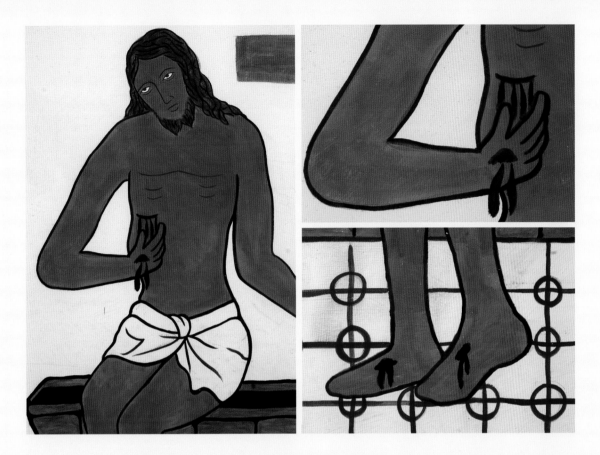

oedd hwn yn ddelwedd ddefosiynol boblogaidd iawn yn nechrau'r unfed ganrif ar bymtheg, ac yr oedd yn dangos Crist, yn gwisgo lliain lwynau yn unig ac yn arddangos clwyfau'r Croeshoeliad, yn eistedd ar feddrod garreg. Byddai torluniau pren canoloesol yn aml yn dangos y ffigwr hwn wedi ei amgylchynu ag Offerynnau'r Dioddefaint. I'r gorllewin o'r darlun hwn ar wal ddeheuol corff yr eglwys yr oedd ffigwr fwy neu lai o wir faint, wedi ei wisgo mewn dwbled resog a llodrau rhesog tynn, sydd o bosibl yn rhan o Ddisgyniad.

Yr oedd yr elfen olaf yn y gyfres y mae modd ei hadnabod ar fur dwyreiniol yr eil, sef paentiad o Grist cyn y croeshoeliad, a adwaenir weithiau fel 'gorffwys olaf Crist', y tu mewn i 'gilfach' bensaernïol baentiedig. Dan sgrôl onglog gyda'r geiriau *Ecce homo* yr oedd Crist yn eistedd, yn gwisgo'r Goron Ddrain. Yr oedd ganddo eurgylch fleur-de-lys, ac yr oedd stribedi o waed ar ei wyneb. Yr oedd ei arddyrnau, ei bengliniau a'u fferau wedi eu clymu â rhaff, ac yn agos at ei draed yr oedd penglog mawr, atgof gweledol i'r croeshoeliad ddigwydd yn Golgotha, 'lle'r benglog'. Dywed y traddodiad canoloesol mai penglog Adda oedd hwn, felly mae'r darlun hwn yn crynhoi holl hanes pechod a phrynedigaeth dynol ryw: 'Oblegid megis yn Adda y mae pawb yn meirw, felly hefyd yng Nghrist y bywhëir pawb' (1 Cor.15:22). I'r chwith o'r paentiad, safai ysgol a gwaywffon, dau arall o Offerynnau'r Dioddefaint.

Fymryn i'r dwyrain o'r ffenestr yn y mur gogleddol lle'r oedd Angel y Dioddefaint yr oedd paentiad arall, y dinistriwyd mwy na'i hanner pan osodwyd ffenestr dal i mewn ym 1810. Dangosai hwn ffigwr ag eurgylch yn eistedd ar orsedd gyda'i law dde wedi ei chodi i fendithio. Pan ddaethpwyd o hyd iddo gyntaf, y farn oedd ei fod yn cynrychioli Crist mewn gogoniant, fel sy'n cael ei ddisgrifio yn Llyfr Datguddiad Sant Ioan. Fodd bynnag, mae'n debyg fod arysgrif islaw'r panel yn darllen Sancta *Trinitas*... ('Trindod Sanctaidd'). Mae'n debygol felly fod y llun yn dangos y Drindod – Duw Dad ar ei orsedd, yn cario'r Mab croeshoeliedig a chyda'r Ysbryd Glân yn cael ei ddarlunio fel colomen .

Seintiau ac angylion oedd y paentiadau eraill o'r dilyniant canoloesol diweddar hwn, a hefyd addurniadau pensaernïol a borderi cysylltu. Ar golofn ganol yr arcêd, yn ei le traddodiadol yn union gyferbyn â'r prif borth, yr oedd Sant Cristoffer. Y cyfan oedd weddill o'r ffigyrau canolog oedd pen eurgylchog plentyn, a fymryn yn is i lawr, ail eurgylch ar ffurf croes, a rhannau o glogyn, corff a llaw dde'r sant. I'r chwith yr oedd eglwys gain, ac yn y blaen yr oedd ffigwr mewn mantell yn cludo llaswyr - mae'n debyg mai'r meudwy oedd hwn a roes i Cristoffer y dasg o gludo teithwyr ar draws yr afon.

Ar ochr ogleddol bwa'r gangell yr oedd gweddillion ffigwr o archesgob, wedi ei ddifrodi'n ddrwg, yn gwisgo meitr, casul a manipl, ac yn cario ffon â chroes ar ei phen dros ei ysgwydd chwith. Mae'n debyg ei fod yn cynrychioli Sant Thomas o Gaergaint, un o seintiau mwyaf poblogaidd Prydain tua diwedd y Canol Oesoedd. Mae'n amhosibl dweud a oedd y difrod yn ddamweiniol neu ynteu yn eiconoclastiaeth fwriadol, wedi i Harri VIII ymosod ar gwlt Sant Thomas ym 1538.

Yr oedd goledd llawer ffenestr â phaentiadau o seintiau neu angylion, ac mae'n debyg fod ym mhob ffenestr yr oedd sant ar y chwith yn wynebu angel ar y dde. Ar oledd dwyreiniol ffenestr de-ddwyrain yr eil yr oedd ffigwr mewn het cantel-lydan, siaced resog gyda llewys llydan, llodrau cwta rhesog, sanau coch ac esgidiau duon. Ar draws ei gorff yr oedd gwregys croeslin cul. Daliai ffon gydag amgarn coeth, ac ysgrepan pererin gyda thaselau hirion. Tybiwyd yn wreiddiol mai Sant Iago Fwyaf ydoedd, nawddsant pererinion, ond mae'n fwy tebyg bellach mai Sant Roche ydyw, nawddsant dioddefwyr y pla, sydd yn wastad yn cael ei ddarlunio mewn gwisg gyfoes. Yn ei wynebu yr oedd angel, yn sefyll yn wyneb lawn gyda'i law dde wedi ei godi o flaen y frest a'r llaw chwith yn pwyntio fymryn tuag i lawr.

Ymhellach ar hyd wal ddeheuol yr eil yr oedd ffenestr wedi ei chau i fyny, ac uwchlaw iddi amlinelliad bwa pigfain addurniedig cymesur gyda therfyniad fleur-de-lys. Roedd modd gweld amlinell tariannau uwchben y ddau sbandrel. Ar y goledd dwyreiniol yr oedd ffigwr santes, wedi dirywio yn arw, yn gwisgo het neu benwisg uchel, gwisg laes gyda llewys yn hongian, ac o bosibl fantell gydag wynebiad o ffwr carlwm, ac yn dal ffon groeslin. Efallai mai'r Santes Margaret o Antioch yw hi, a ddarlunnir fel rheol yn cario llyfr ac yn trywanu draig dan ei thraed, ac fe'i gwelir yn aml gyda'r Santes Catherine. Ar y goledd gorllewinol yr oedd amlinelliad angel wedi ei ddifrodi yn arw, o bosibl yn cario tarian. Safai'r ffigwr, gyda gwallt llaes, llifeiriol a llygaid ar ffurf almonau, yn wyneb lawn ond yn edrych i'r ffenestr.

Ar oledd deheuol y ffenestr ddwyreiniol yr oedd olion yr hyn a allasai fod wedi bod yn angel arall, mewn gwisg laes. Yr oedd olion arysgrif ar frig yr oledd, ac ar draws y llun yr oedd sgrôl onglog gyda darnau o arysgrif arall. Dan sil y ffenestr yr oedd panel hirsgwar wedi ei ddifrodi gydag arysgrif wedi ei drefnu o gwmpas amlinell croes, a oedd, mae'n debyg yn reredos (neu gefnyn) i allor.

Yr oedd paentiadau arwyddocaol ar ôl ar ddau fur yng nghapel Gronow. Ar y mur gogleddol yr oedd dau ffigwr anhysbys wedi eu gwahanu a'u hamgylchynu gan forder geometrig coch a du. Offeiriad neu esgob oedd y ffigwr ar y chwith, bron o wir faint, mewn clogyn coch cwta a gwisg wen laes lawn (alb efallai), ac o bosibl yn cario ffon groeslin. Nid oedd y ffigwr ar y dde wedi ei gadw yn dda iawn, ond yr oedd modd gweld peth dillad. I'r gogledd o'r ffenestr ddwyreiniol, oedd wedi ei chau yn rhannol, yr oedd panel arall gyda chynlluniau ffigwr mewn llinell goch a du. Yr oedd y ffigwr wedi ei ddifrodi yn ddrwg, ond yr oedd y dillad yn awgrymu menyw yn eistedd. Awgrymwyd y gallasai fod yn Forwyn a'r Plentyn, a bod y ffigyrau oedd yn sefyll yn ddau o'r Doethion. Ochr ogleddol eglwys oedd ochr y fenyw yn draddodiadol a byddai capeli gogleddol yn aml yn cael eu cysegru i'r Forwyn Fair. Ar un o giliau'r ffenestr yr oedd wyneb santes anhysbys yn gwisgo penwisg neu gwfl gyda band talcen patrymog nodweddiadol o ddechrau'r 1500au.

Nid oedd yr holl baentiadau yn yr eglwys yn uniongyrchol gysylltiedig â chred grefyddol. Yn union uwchben y Ddelwedd Tosturi yr oedd tarian gyda'r Arfbais Frenhinol wedi'i hamgylchynu â Gardys. Gallai hyn fod yn arwydd fod gan y sawl a noddodd ail-baentio'r eglwys gysylltiad agos â'r Tuduriaid: o bosibl arglwydd lleol y Mers, Charles Somerset, Iarll 1af Caerwrangon, neu Syr Rhys ap Thomas o Ddinefwr, ill dau yn Farchogion Urdd y Gardys. Gallasai arysgrif dan y Gwawdio Crist fod yn fersiwn o 'Heb Dduw Heb Ddim', sef arwyddair teulu'r Stradlingiaid yr oedd gwraig Syr Rhys ap Thomas yn perthyn iddynt.

Nodwedd gain ac anarferol ym murluniau eglwys Sant Teilo yw presenoldeb cryn dipyn o ysgrifen. Er na allai'r rhan fwyaf o addolwyr canoloesol ddarllen, yr oedd addurniadau eglwysi canoloesol yn aml yn cynnwys swm rhyfeddol o destun ysgrifenedig. Yr oedd seintiau a golygfeydd o'r Beibl mewn ffenestri gwydr lliw yn cael eu hadnabod wrth sgroliau byrion, yr Apostolion mewn ffenestri neu ar sgriniau yn aml yn cael eu darlunio gyda'u cymalau o Gredo'r Apostolion, ac yr oedd darluniadau o Gyfarch Mair yn aml yn cynnwys geiriau agoriadol yr *Ave Maria*. Yr oedd ysgrifen mewn murluniau, er hynny, yn anarferol, ac y mae murluniau eglwys Sant Teilo bron yn unigryw gan fod ganddynt arysgrifau – er mai rhai byrion ydynt – ar sgroliau islaw neu wedi eu hymgorffori yn y paentiadau.

(Dde) Yr olygfa tuag at borth gorllewinol corff yr eglwys, yn dangos golygfeydd o Ddioddefaint Crist ar y muriau a Sant Mihangel yn pwyso eneidiau uwchlaw'r drws.

Mae'r testunau yn fwy anodd eu dehongli a'u hail-greu hyd yn oed na'r paentiadau. Mewn panel i'r chwith o'r Ddelwedd Tosturi gellid darllen dernyn o arysgrif llythyren ddu yn dweud 'A dent ... Jhu mer...' a all fod yn weddi, o bosibl yn ddarn byr o litani: 'A dentibus mortis [o safnau marwolaeth], Jesu mercy'. Uwchlaw ysgwydd y Ddelw o Drueni, efallai mai ychydig mwy o'r un litani a welwn: y cyfan oedd ar ôl oedd y llythrennau 'Jsu m...' (o bosibl 'Jesu mercy' eto neu'r hyn oedd yn cyfateb yn Lladin, 'Jesu miserere'). Ym mhen gorllewinol mur gogleddol corff yr eglwys yr oedd y llythrennau '...homo da ...' a all fod yn rhan o weddi arall – Jesu Christe, deus et homo, da nobis... (Iesu Grist, Duw a Dyn, dyro i ni...). Fel gyda rhai rhannau allweddol o'r offeren Ladin, byddai'r offeiriad wedi dysgu i'w gynulleidfa beth oedd y geiriau yn yr arysgrifau hyn, a buasent wedi tywys yr addolwyr wrth iddynt fyfyrio ar y paentiadau a dilyn hanes yr iachawdwriaeth, o lun i lun, o gwmpas yr eglwys.

'yr hyn a glywsom, yr hyn a welsom â'n llygaid ...

ac a deimlodd ein dwylaw am Air y bywyd' (1 Ioan 1:1)

Atgyfodiad

Ail-greu'r tu mewn

Y groglofft a'r murluniau

Gwnaethpwyd blaen panelog sgrîn y groglofft ar ffurf arcêd gaeëdig, wedi'i rhannu yn ddeuddeg, nodwedd a ddeilliodd o esiamplau a gafwyd yn y Mers. Yr oedd llawer o'r paneli hyn, yn enwedig y rhai mewn eglwysi yng nghanolbarth a gogledd Cymru, wedi'u rhwyllo â phatrymau addurnol. Yr oedd rhai, megis eglwys Sant Anno yn Llananno, wedi'u cynllunio fel 'cilfachau' i arddangos cerfluniau. Byrddau plaen oedd eraill, y bwriadwyd eu paentio â delweddau o seintiau neu angylion. Er bod nifer o groglenni wedi goroesi yn ne Cymru, mae'r llofftydd oedd yn gysylltiedig â hwy bron yn ddieithriad wedi diflannu. Fodd bynnag, y mae eglwysi yng ngogledd Dyfnaint yn rhoi esiamplau gwerthfawr ac yn ffynhonnell wybodaeth. Mae'n hysbys fod cysylltiadau cryf rhwng de Cymru a gogledd Dyfnaint yn y Canol Oesoedd, ac y mae traddodiad morwrol cryf i'r naill ardal a'r llall. Fe welwn gynlluniau a deunyddiau o orllewin Lloegr yn aml mewn eglwysi yn ne Cymru. Gan yr ymddengys i'r rhan fwyaf o groglenni ym Morgannwg fod wedi eu hadeiladu o fewn lled bwa'r gangell, nid oedd fawr o le ar gael i baentio delweddau ar y paneli isaf fel oedd yn cael ei wneud yn aml yng ngogledd Dyfnaint. Y mae'r enghreifftiau sydd weddill o Forgannwg yn dueddol o fod yn blaen neu wedi eu haddurno â phaneli lliain-blyg cerfiedig. Felly, symudodd y pwyslais i du blaen y groglofft lle'r oedd y paneli mewn arcêd, megis y rhai a ail-grewyd yn eglwys Sant Teilo, yn gefnlen ddelfrydol i bortreadu ffigyrau Beiblaidd.

Yr oedd yr Apostolion yn destun poblogaidd yn niwedd y Canol Oesoedd, ac er i'r holl esiamplau Cymreig gael eu dileu, fe'u crybwyllir yn aml yng ngweithiau beirdd y cyfnod. Yr oedd lled corff yr eglwys, ac yn sgil hyn, lled y groglofft, yn ddelfrydol ar gyfer arcêd o ddeuddeg panel – a phortreadu'r deuddeg Apostol.

Yr oedd confensiynau gweddol sefydlog yn y ffordd o ddarlunio'r Apostolion ar sgriniau paentiedig. Y trefniant mwyaf cyffredin oedd y drefn yn unol â Chredo'r Apostolion, gyda phob Apostol yn gysylltiedig â rhan benodol o'r Credo, a ddangosid fel rheol fel darn o destun islaw neu wrth ochr yr Apostol dan sylw. Yn gyffredinol, câi Apostolion unigol eu hadnabod yn ôl eu symbolau yn hytrach na'u henwau. Gyda phoblogaeth a oedd yn ei hanfod yn anllythrennog mewn ardaloedd megis Llandeilo Tal-y-bont, byddai hyn yn synhwyrol.

Yng Nghymru, gwelwyd fod trefn wahanol, gyda Paul yn cymryd lle Mathias. Cafodd y trefniant hwn ei ddisgrifio gan feirdd y cyfnod, megis Dafydd ap Gwilym ac Iolo Goch (er ei fod yntau hefyd yn rhestru Moses a Dafydd). Penderfynwyd felly osod yr Apostolion yn

(Dde) Y pigmentau a'r technegau a ddefnyddiwyd i baentio'r sgrin a'r Apostolion yw'r un rhai fyddai wedi cael eu defnyddio yn ystod y Canol Oesoedd diweddar.

y drefn a ddisgrifiwyd gan Dafydd ap Gwilym, sef, o'r chwith i'r dde: Seimon, Iago (Fwyaf), Andreas, Philip, Ioan, Pedr, Paul, Tomos, Bartholomeus, Mathew, Iago (Leiaf) a Jwdas.

(Y tudalennau sy'n dilyn) Yr Apostolion: Seimon, Iago Fwyaf, Andreas, Philip, Ioan, Pedr, Paul, Tomos, Bartholomeus, Mathew, Iago a Jwdas.

Seiliwyd y cynlluniau ar gyfer y gwahanol Apostolion ar ddelweddau paentiedig sydd wedi goroesi o Ddyfnaint, ynghyd â thorluniau pren o'r cyfnod, yn arbennig *The Mirrour of the Chyrche* gan Sant Awstin o Abingdon a gyhoeddwyd gan Wynkin de Worde ym 1527. Dangosir pob Apostol gyda'i symbol, sydd fel rheol yn cynrychioli dull ei ferthyrdod.

Yr oedd dau gyfuniad o liwiau oedd fel petaent yn ymddangos dro ar ôl tro, sef coch a gwyrdd, bob yn ail banel, neu indigo a gwyn. Gan fod llawer darlun o'r Apostolion yn eu

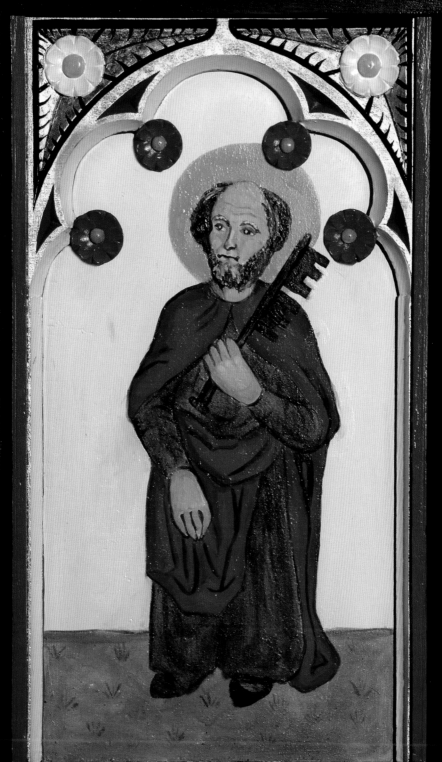

The choice of colours was limited to the range of pigments available to the artist at that period, the importance of the church and, perhaps most importantly, the funds available to pay for such work. Pigment, the raw material from which the paint is made, was ground with stand linseed oil on a flat slab with a flattened pestle-like grinder called a muller, to make a consistent hardwearing paint when dry. The pigments included lead white, lead tin yellow, indigo and true vermilion. Two pigments, madder and verdigris, are very transparent and better used as a glaze over another, denser paint layer. This is what was done with the red and white roses on the terminals of the cusps around the rood loft panels and also on the carved vine trails where the glazes were applied over gold and silver leaf. The one pigment not ground in oil was azurite, as it had to be kept in as large a particle size as possible to handle, in order for it to retain its colour. It was mixed with warm animal glue and applied immediately. Brushes were generally made by the artists themselves using squirrel or hogshair bound to wooden handles, or miniver (ermine) mounted in quills for very fine work, while oyster shells were often used as colour dishes to hold the pre-mixed pigments.

Gold leaf was often used to highlight carved mouldings and architectural details, as well as statues and even features such as haloes on some wall paintings. On the indigo-painted pilaster muntins between the panels of the rood loft are small stencilled

flowers, depicting pinks (or dianthus), in alternate silver and gold leaf. In the Middle Ages, pinks represented the Virgin Mary, and the flower was often used in this way in churches – another example that can be seen in St Mary's in Cheriton Bishop.

The original wall paintings at St Teilo's were executed *a secco*, by painting onto a dry plaster or limewash layer, as opposed to *a fresco*, where the painting is executed onto a fresh or wet plaster. With *buon fresco* ('true' fresco) paintings are executed using powder pigments, ground and mixed to a paste with water, which then bind with the wall surface through the carbonation of the lime in the lime

Applying gold leaf to decorative quatrefoils on the front of the rood screen.

plaster. Lime putty (calcium hydroxide) sets through a process of carbonation, with the water element evaporating and atmospheric carbon dioxide being absorbed into the plaster to form calcium carbonate. During this process minute quantities of lime pass into the pigment layer and carbonate, thereby binding the pigments.

The wall paintings at St Teilo's were executed onto a thick limewash ground and in such cases the pigments normally require an additional binding medium. However, where thick freshly applied limewashes are present, it is arguable that the carbonation of the calcium hydroxide, which makes up the main component of this layer, would impart an element of fresco binding to the pigments. Such effects are sometimes referred to as *fresco-secco*, a somewhat confusing and contradictory term.

The new wall paintings at St Teilo's have been executed using traditional *secco* painting techniques, in this case using a casein binder. Casein is the principle protein in milk and has been used since Egyptian times to make a form of tempera paint. Once the milk has been treated to produce an adhesive casein binding material, the casein glue can be diluted and mixed with traditional powder pigments. These are ground togeth-

Colour, gold and silver leaf and glazing were used on the double vine-trail along the front of the rood loft, which illustrates scenes from Teilo's life.

er to form a paste, which can then be applied in thin glazes. Several applications may be necessary to build up the colour, but the matte finish produced by this method is ideal for large mural subjects.

The powder pigments used were sourced from Clearwell Caves in the Forest of Dean. The Clearwell caves are among the earliest and one of the last producers of ochre, natural earth pigment, in the British Isles. Ochre is now thought to have been mined here for more than 7,000 years, since the Middle Stone Age. Until the 1930s, Forest of Dean mines had been famous for good quality, rich pigments, particularly shades of red and purple. Purple ochre is an unusual natural earth pigment; similar colours are usually only available in synthetic forms. Some of the Clearwell pigments have been mixed with other natural pigments obtained from L. Cornelissen & Son (established in London as an artists' colourman in 1855), in order to obtain close colour matches to the original wall paintings.

Many of the original wall paintings were set out using rough incised sketches made in the fresh limewash using a blunt point. This initial sketching is clearly seen in some of the surviving original fragments, and the soft edges of the incised lines show that the limewash was still wet and plastic (with a dry limewash layer one would have jagged, broken edges to the incised lines). The paintings were then executed quickly with free-flowing outline sketches, blocking-in of the main colours and final outlines added last.

The methods employed to reconstruct the murals were almost identical to the original techniques. The main exception was that the designs were first copied as outline cartoons and the images then transferred to the wall by 'pouncing'. Pouncing is a traditional technique, which can be identified on many Renaissance wall paintings. Here, the main outlines of the design (the 'cartoon') are pricked through using a needle or small spiked wheel to create a line of holes, and a small cloth bag containing fine powder pigment is patted over it to transfer dots of pigment, and thereby the image, through the holes.

The result, in this case, is a transferred cartoon image made up of a series of small red ochre dots. The unbound powder pigment is then overpainted, and mixed in, with the thin preliminary ochre outlines, sometimes referred to as *sinopia*. This term refers to the red oxide colour used for cartoons and under-drawing in *fresco* and *secco* painting and was described in the fifteenth century by Cennino Cennini in *Il Livro del Arte* as 'a

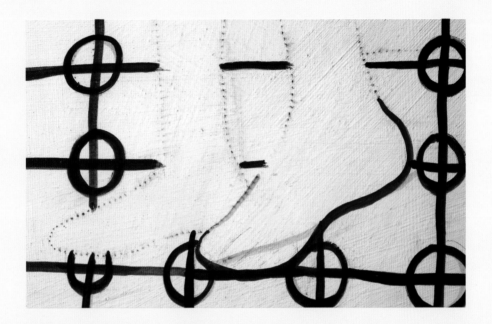

natural colour known as sinoper, or porphyry, is red…'. Once the preliminary sketches have been finalised areas of flat or background colours are blocked in. Details and other colours are added layer by layer until the whole image is complete, when it can be given a final outline where necessary.

During the Medieval and Renaissance periods wall paintings in Britain were, for the most part, executed using a very basic palette of readily available and relatively inexpensive earth pigments – red and yellow ochres, lime white and carbon black. While the range of colours available to the artist included pigments such as red lead, white lead, vermilion, green earth, malachite, azurite and lapis lazuli (natural ultramarine), these pigments were often too expensive for the average rural community, and so their use tended to be limited to only the finest and grandest schemes, such as those that survive in some cathedrals and palaces.

The reconstruction of the wall paintings was carried out in a number of stages. A series of colour-matching tests were carried out and a simple palette of colours determined so that batches of colour could be made-up. Life-size photographic prints of the surviving wall paintings were located in their original positions on the walls of the reconstructed church. The outer borders and other architectural elements of the design

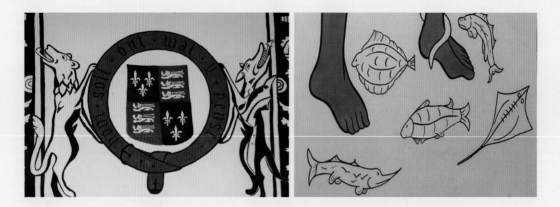

were copied and painted onto the recently limewashed walls. Within these areas the surviving figurative scenes were transferred as cartoons and subsequently painted-in. Initially, however, only the fragmentary 'islands' of surviving colour were painted, which were then used as the basis for reconstructing the missing areas.

In some cases the subject matter was clear, even though relatively little of the original remained, one of the best examples of this being the giant figure of St Christopher. Of the original, little more remained than the head of the saint turned to his right and facing towards a much smaller haloed figure, perched high on his shoulder. In the background was a small figure, with a lantern and holding a rosary, standing within an architectural setting. Combined with the traditional location, opposite the south door, these clues provided clear evidence that the scene depicted St Christopher, the patron saint of travellers. Having determined the style of the original artist, it was possible to look for other examples to provide source material on which to base a reconstruction of the missing areas. The main form for the figure of St Christopher was taken from a fine example at Llantwit Major; other elements were copied from another good depiction of the saint at Llanynys. The latter provided good source material for common decorative details often found in murals that depict the St Christopher story: in this case the fish swimming around the saint's massive legs, and features within the landscape such as the windmill.

Another such example was the Royal Arms on the south wall of the nave. Here, the quartered arms survived, surrounded by a garter and one of the two supporters (in this case, a dragon), but much of the heraldic detail and other information was missing. Fortunately, a late medieval example of a Royal Coat of Arms discovered some years

(Left) Details of the Royal Arms on the south wall of the nave.

(Right) Fish swimming around St Christopher's feet are featured in the painting on the north wall of the aisle.

ago at Cullacott farmhouse in Cornwall provided a good source of comparable material. In particular, this example was important because of the close stylistic similarities. There are important differences between wall paintings and other art forms, such as carved stone and wood, manuscript paintings or tapestries: while some of these may provide good examples of iconography from the right period, the stylistic variations can cause problems. Using the Cullacott Arms as the basis for this reconstruction, it was possible to overcome these problems and paint convincing lions passant and fleur-de-lys on the shield surrounded by the motto *honi soit qui mal y pense*. The Cullacott example also provided missing details on the dragon supporter, which in turn was used to reconstruct the lion on the opposite side.

The successful completion of the wall paintings will be a complex process, since not only does it require detailed investigation of the likely iconography, but also the sourcing of good comparative material. A wide range of source material must be found and studied to ensure that the new images are both iconographically and stylistically correct. As important, however, will be the ability of the modern painters to obtain the right 'feel' when executing the painting – and this requires an insight into the world of the original artist.

Cleaning the Mocking of Christ in a laboratory at Cardiff University. (1986)

Some of the main
elements in place
at the high altar
including statues
of St Teilo and
the Madonna and
child, the cross,
candlesticks and
riddel curtains.

Furnishing the church

Nothing is known of the internal fixtures and fittings that once graced the interior of St Teilo's, and their lavishness would have depended on the scale of patronage, often manorial or monastic. However, we can get a good idea of what church furnishings were to be swept away by the Reformation from churchwardens' accounts documenting the sale of church plate, vestments and fittings, together with the more radical stripping of the church interior of its tabernacles and images. The pattern in Wales followed that in England – items thrown out of churches included vestments, crosses, paxes, censers, altar-cloths, rood cloths, basins, sacring bells, books and banners.

Of course, not all that glittered inside the late medieval church was made of gold. Many objects were made of base metals – brass, latten (a copper alloy containing zinc), gilt copper and gilt bronze. The altar, focal point for the celebration of Mass, would have required a number of sacred objects at various times, such as a chalice, pyx (a small container for the consecrated host), paten (the dish for the eucharistic wafer), cruets (small containers for water and wine) and a sanctus bell. In the absence of surviving furnishings and equipment from St Teilo's, it was decided to commission appropriate replicas based on objects that have survived from elsewhere in Wales or further afield.

The practice of placing a cross upon the altar during Mass appears to date from the thirteenth century, and while single-purpose crosses were made, most churches had a cross that could be both carried in procession and placed upon the altar. Even so, they were not vital if they duplicated the imagery of a retable or window glass, and they are rarely shown in manuscript illustrations. A processional cross was commissioned from Peter Shorer, a conservator and craftsman with a proven track record of producing accurate reproductions of archaeological artefacts, based on the incomplete fifteenth-century gilt copper-alloy cross from Llangynllo, now in the Museum's collections. The replica was made with copper electroform parts that were soldered together. Some of the missing elements were cast from surviving examples from elsewhere. The socketed stem used to attach the cross to the top of a staff was based on a surviving example from St Mary's Catholic Presbytery in Monmouth. A replacement for the missing evangelist roundel of Matthew was based on one from Monmouthshire. The figures of the Virgin Mary and St John, on crocketed branches either side of the cross, were rescaled versions of figures from Laleston in the Vale of Glamorgan and a site near Cardigan.

These statues of
St Teilo and the
Madonna and child,
carved by Emyr
Hughes, are based
on surviving
medieval examples
from Brittany.
They feature on
either side of the
high altar.

A small silver chalice was made by the Museum's blacksmith, Andrew Murphy, based on the plain mid-thirteenth-century silver chalice found in 1865/6 in the grave of a bishop, probably Richard de Carew (1256-80), at St David's Cathedral. This was chosen for its modest size and form, as St Teilo's may have been provided with something similar by one of its patrons.

The decision was made early on not to install permanent electric lighting, but to copy medieval conditions – relying on daylight and candles. While late medieval episcopal legislation stipulated that the only light required during Mass was a single wax taper, inventories suggest that most parish churches had two candles standing on the altar during all services – as shown by numerous manuscript illustrations. It was decided to install copies of late medieval latten candlesticks, based on the basic 'bunsen burner' type with cylindrical socket and drum base. Examples of such 'domestic' candlesticks are known from St Andrew's church in Wick, Tintern Abbey, Kenfig and Cardiff.

Medieval survivals illustrate more of the liturgical accessories that would have been familiar to the priest and congregation at St Teilo's. Examples include a fifteenth-century pax from Abergavenny, a thirteenth-century pewter cruet from White Castle, cheaper ceramic cruets such as one from Eglwys Gymyn, a sacring bell from Maenan Abbey in Gwynedd, and a copper-alloy censer from Gower.

According to canon law, it was usual to place three-dimensional images of the Virgin Mary and the patron saint of the parish church (or one representing its title) either side of the high altar and east window. As the east wall of the chancel was an early twentieth-century rebuild, the medieval architectural arrangement was not known. In keeping with the modest scale of the church, corbels were re-created to support effigies of Mary and St Teilo, behind which canopied niches were painted. Both figures were carved by Llangollen-born sculptor Emyr Hughes. The figure of the Virgin Mary was based largely on a figure of the Madonna and Child in the Musée de l'Evéche in Quimper, Britanny. Colour was added by Fleur Kelly, informed by studies of pigments

Musée de l'Evéche yn Kemper, Llydaw. Ychwanegwyd lliw gan Fleur Kelly, yn defnyddio gwybodaeth o astudio'r pigmentau ar gerflunwaith sydd wedi goroesi megis y santes o'r bedwaredd ganrif ar ddeg o Fochdre. Darlunnir Sant Teilo fel arfer yng ngwisg esgob, yn marchogaeth ar hydd. Mae darluniau canoloesol o Sant Teilo i'w gweld o hyd yn Llydaw, ac y maent yn cynnwys fersiynau amryliw mewn pren yn Abbaye Daoulas a Landeleau (betws neu dŷ gweddi hynafol St-Thélau/Teilo) ac un mewn ffenestr o'r bymthegfed ganrif yng nghapel Sant Teilo yn Plogonnec.

Yr oedd y grog, neu'r groes, gyda ffigwr Crist arni, yn ganolbwynt pwysig i ddysgu a defosiwn yn yr eglwys ganoloesol. Byddai'r Grog Fawr, croeslun cerfiedig a phaentiedig, â ffigyrau'r Forwyn Fair Fendigaid a Sant Ioan Fedyddiwr o boptu iddi, ond ar adegau prin, byddai'r pedwar Efengylydd yn eu lle neu fe geid ffigyrau ychwanegol atynt. O boptu ffigwr Crist ar y groglofft yn Aberhonddu, sydd bellach ar goll, yr oedd y ddau leidr, Sant Ioan a'r Forwyn Fair a symbolau'r pedwar Efengylydd. Comisiynwyd Emyr Hughes i lunio Crist ar gyfer eglwys Sant Teilo, ar sail ffigwr Crist o 1350-80 o Fochdre ac adluniad archeolegol o'i freichiau a'i goesau coll. Wedi ei gerfio mewn arddull beiddgar a llawn mynegiant, a cherfwedd ddofn ar gyfer y torso, byddai Crist Mochdre yn wreiddiol wedi bod ryw 580 milimedr o daldra.

Defnyddiwyd y cerflun prin o Grist yn dyddio o ddiwedd y 14eg ganrif ac y daethpwyd o hyd iddo ym Mochdre (chwith) fel patrwm i'r cerfiad newydd (dde).

Y Groes Fawr, gyda cherfluniau o'r Fair Forwyn Fendigaid a Sant Ioan.

Ar wahân i ddarnau Romanésg o South Cerney, Swydd Gaerloyw (tua 1125), dim ond dau ffigwr croglen pren amryliw arall o Brydain sy'n hysbys, sef y ffigwr o'r drydedd ganrif ar ddeg o Gemais Isaf a'r cerfiad o ddiwedd y bymthegfed ganrif o gapel Sant Anthony yn Cartmel Fell, Sir Gaerhirfryn.

Nid yw'n glir pa mor haearnaidd y byddai artistiaid yn glynu at gynlluniau lliw ar ffigyrau, gan y gallai'r rhain amrywio'n fawr. Mae lliain lwynau gwyn i'w weld ar ffigyrau sydd wedi goroesi o'r Cyfandir ac mewn darluniau mewn llawysgrifau. Fodd bynnag, o ddadansoddi ffigyrau Cemais a Mochdre, pigment coch a welwyd yn bennaf, gydag olion goreuro, a dyma a wnaed wrth ail-greu'r ffigyrau.

(Chwith). Y Grog orffenedig, sef cerflun o'r Crist croeshoeliedig.

Gan nad oes delweddau pren tri-dimensiwn o'r Forwyn Fair na Sant Ioan wedi goroesi yng Nghymru na Lloegr, defnyddiwyd delweddau a wnaed o ddeunyddiau eraill megis y panel diptych ifori o Landaf, fel modelau i'r cerflunwyr arbenigol Jozeph Mesar a Jan

Ferencik (yn gweithio i'r cwmni Stuart Interiors o Wlad yr Haf), a gomisiynwyd i wneud atgynhyrchiadau ar gyfer y groglofft.

Arweiniodd symud llawer o'r delwau hyn, a thorri croglenni, o ganlyniad i gyfarwyddiadau amrywiol o 1547 ymlaen i'w symud ymaith, at deimladau o sarhad a dicter mewn llawer cymuned, a bu rhai yn ddigon hy i guddio'r delwau yn hytrach na'u gweld yn cael eu dinistrio. Yng Nghymru, yr oedd llawer o anufuddhau i'r polisïau hyn, ond nid llawer o wrthwynebiad agored. Disgrifia ffynonellau hanesyddol sut y goroesodd delwau pren wedi'r Diwygiad Protestannaidd, ynghudd fel ffigyrau Mochdre a Chemais. Cofnodwyd y parch a delid o hyd iddynt yn eglwys Llanrwst: 'Dros Fwa Pren y Gangell, gerllaw y Grog lofft, y gorwedd ynghudd ffigwr hynafol y Croeshoeliad mor fawr ag yr ydoedd mewn bywyd. Hwn, fe dybiaf, a ddangosir i neb ond y chwilfrydig, ac yn anaml iddynt hwythau.'

Ym 1553, olynwyd Edward gan Mari, ac adferwyd arferion Catholig tan 1558, fel y'u hadlewyrchir yng nghyfrifon wardeniaid yr eglwys sydd yn cofnodi gweithredoedd fel 'gwneuthur y Grog', ac am 'baentio a goreuro'r Grog'. Daeth mwy o newidiadau crefyddol pan ddaeth Elisabeth i'r orsedd ym 1558. Er hynny, ymddengys i nodweddion Catholic fod wedi goroesi mewn llawer o eglwysi Cymreig ymhell i mewn i deyrnasiad Elisabeth: mor ddiweddar â 1583, teimlai'r Esgob Middleton o Dyddewi yr angen i gyhoeddi cyfresi o waharddebau beirniadol yn gwahardd delweddau, allorau a chroglofftau. Cafodd llawer o grogau a oroesodd y diwygiadau yn yr unfed ganrif ar bymtheg eu dinistrio yn ddiweddarach yn yr ail ganrif ar bymtheg.

Ni wyddom am ba hyd y goroesodd y grog wreiddiol yn eglwys Sant Teilo. Mae creu, paentio, goreuro ac ail-godi ffigyrau'r grog ar gyfer yr eglwys wedi dynwared yn fyw iawn weithredoedd yn y bedwaredd ganrif ar ddeg a ail-adroddwyd, dro ar ôl tro.

Allorau, cerfluniau a defnydd

I lygaid cyfoes, gall presenoldeb cymaint o allorau ymddangos braidd yn eithafol. Yn enwedig yn ddiweddar, daethom i arfer ag ymddangosiad mewnol cymharol syml a'r canolbwyntio ar un prif allor. Yr oedd eglwysi a litwrgi canoloesol, fodd bynnag, yn annog mwy nac un o allorau bron fel gwrthrychau 'addunedol' yn gysylltiedig â chanoli ysbrydol penodol – yn canoli, er enghraiff, ar ddioddefaint Iesu ('allor Iesu'), y Fair Forwyn Fendigaid ('allor y Forwyn') a'r seintiau a'r angylion. Fe all fod hyn yn barhad, i ryw raddau, o ysbrydolrwydd cyfnodau paganaidd. Rhaid cofio fod Sant Awstin o Gaergrawnt wedi cael cyfarwyddyd gan y Pab Gregori i gadw yn fwriadol at arferion ysbrydol fu'n sefydledig ers amser maith nad oeddent yn groes i Gristnogaeth a bod modd eu hintegreiddio ynddo.

Gwyddom o ffabrig eglwysi Cymru, ac yn enwedig y ffaith fod pisgina (lle'r oedd llestri allor yn cael eu golchi) ac ambarïau (cilfachau lle'r oedd llestri allor yn cael eu cadw), fod ganddynt nifer o allorau. Mae'n debyg fod pump yn eglwys Sant Teilo – mwy o bosibl. Yn ychwanegol at y brif allor yn y gangell, yr oedd un arall ar ben yr eil. Mae'n debyg mai gwasanaethu'r capel deheuol bychan oedd hwn, a estynnwyd i ffurfio'r eil yn y bymthegfed ganrif. Er bod yr allor hon, fel pob un arall yn yr eglwys, wedi ei symud oddi yno neu ei ddinistrio wedi'r Diwygiad Protestannaidd, arhosodd yr ambari o hyd yn y mur i'r dde ohono. Mae cryn dipyn o dystiolaeth hefyd o farciau a gwaith saer cyffredinol croglenni i ddangos fod allorau wedi eu gosod o'u blaen ac wrth eu hochrau. Dro ar ôl tro fe welwn baentiadau a cherfiadau a allasai fod yn reredos i allorau felly, ac mewn rhai achosion, yn enwedig yn Lloegr, goroesodd allorau ystlys bychain carreg, gan gynnwys rhai sy'n gysylltiedig â pharch i seintiau neu greiriau lleol. Yn eglwys Patrishow yn Sir Frycheiniog, mae dwy allor o hyd o flaen y groglen, ac y mae nodweddion tebyg yn hysbys o Lanfilo a Phontfaen.

Trafodwyd y dystiolaeth am groglenni eisoes, ond mae'n werth adfyfyrio ychydig mwy am eu harwyddocâd ysbrydol. Fel yr *iconostasis* sydd yn eglwysi'r Dwyrain hyd heddiw, sgrîn debyg wedi ei haddurno ag eiconau sy'n dynodi'r cysegr, yr oeddent yn pwysleisio'r weithred hynod emosiynol a symbolaidd oedd yn digwydd wrth y brif allor adeg gweinyddu'r ewcarist. Yr oedd dangos aberth Calfaria yn thema allweddol: nid cofio angau Crist yn unig a wnaech, ond bod yno mewn gwirionedd – yn penlinio wrth y groes, ac yn gyfriniol gysylltiedig mewn rhyw fodd â'r digwyddiad. Arwydd o hyn oll oedd sancteiddrwydd y cysegr y tu ôl i'r sgrîn, yr amryfal luniau o seintiau ac angylion (rhai yn aml wedi eu cerfio ar drawstiau'r to) a'r Groes Fawr, neu'r Grog, yn darlunio angau Crist yn llywyddu dros bopeth.

Yn yr un modd, ni ddylem feddwl am y toreth cerfluniau, cerfiadau a murluniau (y mae gennym dystiolaeth gynyddol amdanynt yng Nghymru) – fel y tueddwn i wneud yn awr – fel darlunio yn unig. Yn y lle cyntaf, mae cerflun mewn eglwys orllewinol (fel eicon mewn eglwys ddwyreiniol) yn 'ffenestr' i'r tragwyddol, yn fan cyfarfod. Yma y sefwch ym mhresenoldeb Crist, yr angylion a'r saint, nid am eich bod yn addoli eilun o bren neu faen, ond am i Ymgnawdoliad Duw yn Ddyn yn Iesu Grist ei gwneud yn bosibl dod i gyffyrddiad â Duw trwy'r synhwyrau: 'yr hyn a glywsom, yr hyn a welsom â'n llygaid ... ac a deimlodd ein dwylaw am Air y bywyd' (1 Ioan 1:1). Neu, yn ôl dysgeidiaeth Sant Basil (yn ei draethawd *Ar yr Ysbryd Glân*), mae'r delweddau a welwn mewn eglwysi yn ffordd o gysylltu: credir bod y parch a rown iddynt yn pasio at y sawl a gynrychiolant.

Mae llawer darlun wedi goroesi mewn llyfrau offeren print a llawysgrifau gyda darluniau yn dangos yn eithaf clir sut yr oedd allorau, sgriniau a cherfluniau yn cael eu defnyddio. Cadwodd y gymuned Gatholig yn y Fenni (a barhaodd i weinyddu gwasanaethau'r offeren yn y dirgel hyd yn oed pan oedd ymlyniad at y ffydd Gatholig yn drosedd) nifer o urddwisgoedd a llenni o'r cyfnod cyn-Ddiwygiad. Câi brodwaith (yr *opus anglicanum* fel y'i gelwid, yr oedd Prydain yn enwog amdano) ei ddefnyddio lle gellid ei fforddio. Unwaith eto, yr oedd ffigyrau Crist a'r saint a'r angylion yn boblogaidd, felly hefyd ddelweddau o fyd natur megis blodau. Gwelir y duedd olaf hon hefyd mewn fersiynau o emyn Venantius Fortunatus a fu am gannoedd o flynyddoedd yn gyfeiliant i orymdaith y plwyf ar Ddydd Dyrchafael: 'Yn ddyddiol tyf yr harddwch, yn addurn gogoniant y blodeuyn ... gloyw yw'r meysydd gan flodau.' Mae ein synhwyrau minimalistaidd ni yn ei chael yn anodd dirnad yr agwedd hon o ddiwylliant y Canol Oesoedd - yr oedd addurn unwaith yn beth llawen, yn ddull o ddathlu'r greadigaeth.

Câi'r rhan fwyaf o allorau eu gwisgo mewn dull na welir yn aml heddiw, er y bydd y rhai hŷn yn cofio ei fod yn gyffredin iawn brin hanner canrif yn ôl (o ganlyniad i'r adfywiad mewn ffasiynau litwrgaidd wedi Pugin a'r Adfywiad Gothig). Byddai deunyddiau cain yn cael eu taenu dros flaen yr allorau, a llenni dros yr ochrau. Weithiau byddai ganddynt hefyd 'dorsal' neu gefnlen, er yn amlach na heb, fe geid reredos wedi ei baentio neu ei gerfio. Byddai angylion weithiau ar bennau polion y llenni, a byddai'r allor ei hun fel arfer i fyny nifer o risiau. Gerllaw byddai lle i olchi'r llestri (y pisgina a grybwyllwyd eisoes). Mae'r rhai yn eglwys Sant Teilo wedi eu patrymu ar esiamplau Cymreig sydd wedi goroesi. Mae pisgina piler i'r dde o'r allor yn yr eil yn gopi o enghraifft o'r ddeuddegfed/drydedd ganrif ar ddeg yn Ystum Llwynarth, tra bod pisgina'r mur ger y brif allor yn gopi o'r un yn Llandeilo Ferwallt – un arall o eglwysi Teilo.

Deddfai cyfraith ganon fod portreadau o'n Harglwyddes a'r Nawddsant i fod o bobtu'r brif allor, ond trwy ddarllen y llyfrau litwrgaidd, medrwn fod yn siŵr am lawer o ofynion eraill hefyd. Yr oedd y groglen gyda'i chroes fawr yn gyffredin ledled Ewrop cyn Cyngor Trent yng nghanol yr unfed ganrif ar bymtheg ac fe ddeuai i fod yn addurniedig iawn. Yr oedd yn wastad yn rhwyllog (daw'r gair cangell o'r Lladin *cancella* neu rwyllwaith y sgriniau neu'r rheiliau hyn). Wedi'r Cyngor cafwyd pwyslais ar fodelau'r eglwys glasurol, gan wrthod arddulliau na ellid profi eu hynafiaeth, megis y groglen. Ar gyfer Defod Caersallog (gweinyddu'r Offeren yn ôl y patrwm litwrgaidd a sefydlwyd yng Nghadeirlan Caersallog), fodd bynnag, yr oedd yn hanfodol, gan nodi man darllen y llithoedd, gofod cysegredig y gangell ac yn anad dim yn cynnal y Groes, y byddid yn offrymu gweddïau rhagnodedig ger ei bron bob Sul. Mae digon o dystiolaeth yn y llyfrau litwrgaidd ac yng nghyfrifon wardeiniaid eglwysi – am fod gwaith o'r fath yn mynnu

crefftwaith o'r radd flaenaf a chryn fuddsoddiad, fel sy'n wir heddiw hefyd. I'r eglwys ganoloesol, fodd bynnag, rhywbeth oedd yn esblygu ac yn datblygu oedd y litwrgi, ac yr oedd addurn a manylder coeth yn beth i'w annog.

O edrych o gwmpas eglwys Sant Teilo, a adferwyd trwy grefftwaith gofalus a manwl ar ôl dirywio'n furddun, ymddengys rhai o eiriau gweddi Uniongred hynafol yn addas dros ben: 'ef a adferodd y ddelwedd a lychwinwyd i'w hen ogoniant, gan ei lenwi â'r harddwch dwyfol'. Dyma'r hyn a gredai Cristnogion canoloesol a gyflawnwyd trwy ddyfodiad Crist i'r byd ar ffurf dyn, ac nid ar hap y mae eu heglwysi yn mynegi'r gwirionedd hwn mewn ffyrdd diriaethol. Yr oeddent yn dystion i'r Gair a wnaethpwyd yn gnawd, a ddaethai'n ddigon agos at ddynoliaeth i allu gweld a chyffwrdd ei wyneb. Mewn pren, gwydr, paent a charreg yr oeddent yn dathlu'r agosrwydd hwnnw.

Amen

0720

WEST DOORWAY EXT. ELEVA

Dwyn yr eglwys yn fyw heddiw

Pan ewch i mewn i'r adeilad, mae'r agwedd bwyllog, ofalus tuag at ail-godi eglwys Sant Teilo i'w theimlo o'ch cwmpas. Mae'r synhwyrau yn cael eu hudo o bob cyfeiriad gan symbolau, cerfiadau, paentiadau, arogleuon a defodau: ond i ba ddiben? Diwinyddiaeth gymhleth y Canol Oesoedd a swyddogaeth yr eglwys fel canolbwynt y gymuned yr oedd yn ei gwasanaethu a luniodd ei fframwaith a'i chynllun yn y pen draw. Mae'r addurniadau lliwgar yn gwasanaethu golwg ar y byd sydd yn wahanol iawn i'n un ni, lle'r oedd y byd naturiol yn ysbrydoliaeth ac yn ffynhonnell deunydd, incwm a bwyd, yn ogystal ag adlewyrchu gogoniant Duw, a'i lid.

Gall dod i mewn i adeilad mor dwyllodrus o syml, a'i ystyried, daflu rhywun oddi ar ei echel, wrth i'r cliwiau ymddatgelu yn fympwyol. Oherwydd effaith lachar tu mewn i'r eglwys, a manylder ei ail-greu, prin fod modd gweld y gwahaniaeth rhwng y nodweddion 'newydd' a'r rhai 'gwreiddiol'. Mae atgynhyrchiadau yn cael eu dangos lle na lwyddodd y rhai gwreiddiol i oroesi, neu lle maent yn rhy frau i wynebu hinsawdd yr eglwys. Mae esiamplau o gerfluniau, murluniau a serameg gwreiddiol yn orielau Sain Ffagan. Trwy hyn, ein gobaith yw ymchwilio i'r cysylltiad rhwng disgyblaeth ysgolheigaidd cadw ac arddangos gwrthrychau hynafol a phroses mwy bywiog cynllunio, gwneud a gosod atgynhyrchiadau byw. Lle mae rhaniad y gellir ei deimlo, bron, mewn rhai cylchoedd beirniadol rhwng celfyddyd a phensaernïaeth 'academaidd' a 'brodorol', mae'n eglwys ni yn dangos ac yn edrych i mewn i le a sut y mae'r ddau ddull hwn o feddwl yn cyd-gyfarfod.

Bydd llawer o ymwelwyr yn teimlo braidd yn gyndyn i gredu bod dim o'r hyn a arddangosir yn yr eglwys yn 'wirioneddol Gymreig', gan gynnig yn lle hynny esiamplau Eidalaidd, Groegaidd, Mwraidd neu hyd yn oed Affricanaidd o baentiadau neu lefydd 'tebyg' a welsant. Gall ychwanegu murlun yn dangos Sant Siôr yn lladd y ddraig ychwanegu at y dryswch. Y gobaith yw y bydd datguddio murlun enfawr a sinemataidd o'r un olygfa yn Llancarfan yn cadarnhau ac yn ategu ein hail-gread ni - heb sôn am ddwyn i gof gyfnod pan oedd dreigiau yn ddiafoliaid llithrig, ac nid yn deganau meddal bach del. Soniodd Archesgob Caergaint, y Dr Rowan Williams, adeg agor eglwys Sant Teilo am adfeddiannu rhan o'n hanes yr ydym ni ein hunain yn gyndyn i gredu sydd wedi bodoli erioed. Mae beirniaid eraill wedi canmol y project am amlygu'r gwrthgyferbyniadau a'r rhagdybiaethau a wneir gennym â'n llygaid modern, yn ogystal ag am edrych yn ôl ar y ffordd yr arferem weld pethau.

O lle safai unwaith ar y gors, bu eglwys Sant Teilo ers amser maith yn arwydd o Bontarddulais a'r cymunedau o'i chwmpas. Er bod y tu mewn fel y'i hadnewyddwyd yn

131 Amen

syndod o wahanol i'r hyn ydoedd yng nghof pobl, y mae'r tu allan gwyngalchog yn ymddangos heddiw fel y gwna mewn llu o baentiadau, cofroddion a ffenestri addurniedig ym Mhontarddulais, lle mae ei delwedd hyd yn oed ar gadwyn Maer y Dref. Gallasai'r berthynas rhwng y tu allan hoff a chyfarwydd a sbloet newydd y tu mewn ymddangos yn ddatgysylltiedig. Felly yr oedd ein penderfyniad i adfer y murluniau cyn-Ddiwygiad a ddaeth i'r amlwg yn un dadleuol.

Yr oedd rhagdybiadau am natur amgylchedd adeiledig crefyddol Cymru yn gwneud i rai o'n penderfyniadau ymddangos yn wamal ar y gorau ac, ar ei waethaf, yn goegwych a dim mwy. Trwy gadw cysylltiad â chymuned Pontarddulais, cawsom help i dawelu eu meddyliau mai eu hanes hwy oedd yma'n cael ei atgyfodi, yn hytrach na rhyw ffansi deallusol neu sefydliadol. Mae Sain Ffagan yn rhoi i unrhyw adeilad ddull o ddatgelu ei hanes mud ei hun – hanes a guddiwyd yn aml gan bensaernïaeth, gwaith trwsio direol neu fandaliaeth.

Mae aelodau o gymuned Pontarddulais yn dal i ymweld yn rheolaidd â'r eglwys yn ei lleoliad newydd. Daw'r diddordeb cyson hwn i uchafbwynt bob blwyddyn mewn diwrnod o ddathlu. Gydag aelodau o Gymdeithas Hanes Catholig Cymru a'r Mers, bydd plwyfolion Pontarddulais yn cynnal gwasanaeth yn yr Amgueddfa i anrhydeddu Sant Teilo ar ei ddydd gŵyl, y nawfed o Chwefror.

Gwahoddwyd ymwelwyr cyffredinol hefyd i weld yr adeilad yn cael ei ail-godi - mae atgofion cynnes gan lawer am weld y pentyrrau o gerrig wedi eu rhifo y daethant ar au traws gyntaf ym 1997, fel y buasent yn cofio plentyn yn ei fabandod. Wrth annog y cyhoedd i ddod at y crefftwyr a siarad â hwy, yr ydym wedi dwyn i mewn gynulleidfa hol-lol newydd. Mae eu hymateb i'r crefftwaith yn un o ryfeddod gwirioneddol a bywiog, yn hytrach na hiraeth am ddisgyblaethau cyfarwydd, 'coll'. Gwelsom fod ymwelwyr yn dychwelyd drachefn a thrachefn i weld, er enghraifft, murlun yn cael ei amlinellu, ei fesur, ei banlychu a'i baentio. Er mai swyddogaeth y dehonglydd yw gwneud crefydd a chymdeithas yn y 1530au yn bwnc mor atyniadol a diddorol ag sydd modd, rhaid cyfad-def y gall effaith to ffrâm bren a wnaed â llaw, neu sgrîn wedi ei haddurno yn ofalus, weithiau fod yn fwy argyhoeddiadol.

Agorwyd eglwys Sant Teilo yn Sain Ffagan yn swyddogol yn 2007, ond fe'i cymerwyd yn ôl mewn hanes tua deng mlynedd am bob milltir a deithiodd ar hyd yr M4 o Bontarddulais i Gaerdydd. Y mae'n ymateb yn awr i'w lleoliad newydd, er bod islais y draffordd yn dal i'w glywed trwy'r coed - atgof, efallai, o'i lleoliad gwreiddiol ger Cyffordd 48. Mae sôn amdani yn y cyfryngau wedi dwyn degau o filoedd o ymwelwyr newydd ati, a'r dasg sy'n ein hwynebu yn awr yw sut orau i ofalu amdani a'i defnyddio.

Credir mai dyma'r unig eglwys garreg yn Ewrop i gael ei hail-godi a'i hadnewyddu i'w gwedd ganoloesol, a'n gobaith ni yw y daw yn ofod unwaith eto i ymchwilio i swyddo-gaeth addoliad trwy'r oesoedd, a datblygu yn sgil hynny yn 'ganolfan gymdeithasol' unwaith eto. Yn sicr, bydd yr adeilad yn allwedd: gall unrhyw un a welodd eglwys Sant Teilo yn ei holl ogoniant ei dwyn gyda hwy i'r cyfoeth o safleoedd treftadaeth grefyddol ledled Cymru. Fel y gwnaethom ni, gall yr ymwelydd ail-godi yn ei ddychymyg adeilad oedd bron yn adfail ac y mae ei liw a'i effaith wedi hen bylu – lle'r erys dim ond ' y teim-lad hwnnw' y deuwn ar ei draws mewn mannau cysegredig.

Mae'r eglwys, er yn dwyllodrus o syml ei gwedd, yn gysyniadol fwy cymhleth na'r rhan fwyaf o adeiladau yn Sain Ffagan. Bwriad cyfoeth yr addurno symbolaidd yn wreiddiol oedd para cenhedlaeth o Suliau i'w treulio yn edrych, yn dysgu ac yn myfyrio. Mae cysy-niad cymhlethodod-i-symlrwydd sydd mor amlwg yn y gosmoleg Gristnogol ganoloesol hefyd yn weladwy yn eglwys Sant Teilo – yn ategu'r byd naturiol, ac yn sgil hynny, lle'r addolwr yn y byd hwnnw. Ni all ymweliad hanner awr hyd yn oed ddechrau datrys natur yr adeilad. Yn ffodus, wrth i bobl gael eu denu'n ôl drachefn a thrachefn, nid yn unig y maent yn olrhain ei chynnydd a'i hystyr, ond y maent hefyd yn dod yn rhan ohono.

Nodyn personol

Ar ddiwedd ei lyfr *Beautiful Wales*, a gyhoeddwyd ym 1905, disgrifia'r bardd Edward Thomas y corsydd ar aber yr Afon Llwchwr gan sôn am '...eglwys fechan wen unig a mynwent â muriau gwyn.' Er nad yw'n enwi'r afon na'r eglwys, bydd unrhyw un sy'n gyfarwydd â'r ardal yn adnabod y naill a'r llall ar unwaith. Yr eglwys yw testun y llyfr hwn, ac os teimlodd Thomas anghyfanedd-dra barddonol ym 1905, bedair ugain mlynedd yn ddiweddarach, daethai'r anghyfanedd-dra hwnnw yn weladwy wrth i amser a'r hinsawdd wneud eu gwaith difäol, ar waethaf ymdrechion glew i gynnal yr adeilad. Wrth gwrs, ni fu'n eglwys y plwyf ym 1905, (cawsai eglwys newydd Sant Teilo yteitl hwnnw ym 1851), ac fe'i defnyddid ar gyfer addoli ar rai achlysuron y flwyddyn yn unig.

Bu proses datgymalu'r eglwys ym 1985 a 1986 yn boenus i lawer yn y cylch. Er ei bod yn anghysbell ac wedi dirywio, yr oedd rhai plwyfolion yn dal i gofio addoli yno. Yr oedd yn fan cyfarfod, yn lle i gerdded gyda'r teulu ar nosweithiau Sul, yn lle i gynnal picnic ac yn fan cyfarfod i gariadon. Yr oedd (ac erys felly byth) yn eicon i'r gymuned, gan ei bod yn ymddangos ar arwyddluniau Cyngor Tref Pontarddulais a llawer sefydliad arall. Mewn llawer cartref yn yr ardal mae platiau, mygiau, cwpanau, medalau, cardiau a chofarwyddion eraill yn arddangos ei ffurf gyfarwydd, ac fe gadwyd hefyd ddarluniau neu baentiadau o'r 'Hen Eglwys' mewn amrywiaeth o arddulliau a chan doreth o artistiaid, amatur a phroffesiynol, o'r can mlynedd a mwy a aeth heibio.

Braint i mi oedd bod yn dyst i'r holl broses o ymchwilio gofalus cyn symud yr haenau o wyngalch, a, than oruchwyliaeth, cael helpu. Dyna wefr oedd bod yno pan ddaeth y ddau ddernyn o Weddi'r Arglwydd yn Gymraeg i olau dydd! Y mae cyffro o hyd wrth gofio datgelu haenau o arysgrifiadau paentiedig a lluniau, eu cofnodi a'u hachub, a'r gorfoledd o weld pethau o'r newydd, heb sôn am yr ymgais i'w rhoi yn eu categorïau priodol. Yna daeth y datgymalu bwriadus a manwl, ac wedyn yr oedi oedd yn ymddangos yn ddiddiwedd cyn symud y cerrig i'w safle newydd. Peidiwch, da chi, a defnyddio'r hen ystrydeb newyddiadurol 'carreg wrth garreg', rhag i ni feddwl am resi o weithwyr Sain Ffagan yn ymestyn yn ôl ar hyd yr M4 fel morgrug, pob un â charreg ar ei gefn!

Bu'r gwaith manwl ar ail-adeiladu ac ail-greu'r eglwys fel y gallasai fod wedi edrych tua 1530 yn her. Yr oedd yn bwysig tawelu meddwl y sawl oedd yn cofio'r adeilad wedi ei addurno fel yr oedd yn y bedwaredd ganrif ar bymtheg, fod y sioe braidd yn ddieithr hon o wychder canoloesol diweddar yn gymaint rhan o'n treftadaeth gyfoethog ac amrywiol yng Nghymru â'r trefniant mewnol llawer mwy moel a welir yng Nghapel Pen-rhiw, y capel Undodaidd bychan sydd hefyd wedi ei ail-godi yn yr Amgueddfa. Dyma hanes y mae Cymru yn ei ail-ddarganfod, yn ei chelfyddyd a'i llenyddiaeth grefyddol ei hun o'r Oesoedd Canol, gan ein hatgoffa ein bod yn rhan o dreftadaeth Ewropeaidd gyfoethog.

Fodd bynnag, yn union fel y mae rhai yn credu ar gam na allai'r eglwys ond wedi bod fel yr oedd ym 1810, ni ddylem ni dybio hynny amdani ar ei ffurf ym 1530 chwaith. O 1530, gall hanes ein dwyn yn ôl ac ymlaen, ac y mae dod â'r eglwys i Sain Ffagan wedi dangos fod y 'gofod' sy'n cael ei ddenfyddio ar gyfer addoliad Cristnogol yn newid o genhedlaeth i genhedlaeth. Llymder Cristnogaeth 'Geltaidd', gyda galwad saint cenhadol cynnar gorllewin Prydain; defosiwn blynyddoedd newidiol y cyfnod canoloesol, ynghyd ag anrhaith llawer pla a brwydrau dros genedligrwydd; cyfieithu'r Beibl a'r Llyfr Gweddi i'r Gymraeg; perthynas yr Eglwys Wladol â mynegiant Cymreig o anghydffurfiaeth grefyddol; datgysylltu'r Eglwys yng Nghymru ym 1920; ac yn olaf, ymateb yr eglwysi yng Nghymru i ddiwylliant lluosog a seciwlar – fe welwn yr eglwys yn ymaddasu'n wastad i wahanol bwyslais mewn addoliad Cristnogol. Mae'n llwyddo, trwy olyniaeth cenedlaethau o addolwyr, i fod yn rhan o hanes cymdeithasol cyfoethog y plwyf y mae'n ei gwasanaethu.

Gyda'r 'hen eglwys' yn awr wedi ei hail-godi yn Sain Ffagan, mae ymdeimlad o falchder a hyfrydwch ymysg pobl Pontarddulais a'r ardal fod ein trysor lleol bellach yn cael ei gydnabod fel trysor cenedlaethol, y mae Cymru yn ei rannu â'r byd. Er nad yw'r eglwys a welodd Edward Thomas ym 1905 bellach ar lannau'r Afon Llwchwr, erys y Llan sy'n dwyn enw Teilo, ac y mae teulu cyfoes Teilo yn dal i ddod ynghyd yn ei enw ef ac enw ei Arglwydd.

'...a little desolate white church and white-walled graveyard'

(Edward Thomas, 1905)

Cyfranwyr

Ken Brassil MA, MSc
Swyddog Addysg Archeoleg/Hanes, Amgueddfa
Cymru. Bu'n gwneud y cloddio archeolegol ar
safle eglwys Sant Teilo, Llandeilo Tal-y-bont.

Robert Child BSc, FIIC, FSA
Pennaeth Cadwraeth, Amgueddfa Cymru. Bu'n
ymwneud â dadorchuddio'r murluniau yn
eglwys Sant Teilo.

Daveth H. Frost BSc, Cert Theol.
Pennaeth Coleg Catholig Holy Cross, Bury, cyn-
Bennaeth Dros Dro Coleg Catholig Dewi Sant,
Caerdydd a Chadeirydd Grŵp 1520, Cymdeithas
Hanes Catholig Cymru a'r Mers.

Madeleine Gray PhD
Uwch-Ddarlithydd mewn Hanes ym Mhrifysgol
Cymru, Casnewydd, ac un o olygyddion Hanes
Sir Gwent. Awdur *Images of Piety*, sy'n
ymwneud ag eiconograffeg crefydd diwedd y
Canol Oesoedd yng Nghymru.

Sara Huws BA
Astudiodd Hanes Celf ac Archeoleg yng Ngholeg
Emanuel, Caergrawnt. Dehonglydd Addysg
eglwys Sant Teilo.

Fleur Kelly
Artist ar ei liwt ei hun yn arbenigo mewn
paentio ar banel. Cafodd ei hyfforddi gan
Leonetto Tintori. Cadwriaethydd ym Mhalas
Pitti, Fflorens. Wedi gweithio ar sawl comisiwn i
eglwysi, cleientiaid preifat ac amgueddfeydd.

Y Parch. John Morgan-Guy BA, PhD, FRHistS
Ar hyn o bryd yn Gymrawd Ymchwil Cyngor y
Celfyddydau a'r Dyniaethau yn Adran
Diwinyddiaeth ac Astudiaethau Crefyddol,
Prifysgol Cymru, Llanbedr Pont Steffan a
Chymrawd Ymchwil er Anrhydedd yn y Brifysgol.

Gerallt D. Nash BSc, BArch, FSA
Graddiodd o Ysgol Bensaernïaeth Cymru,
Caerdydd; Uwch Guradur, Adeiladau
Hanesyddol, Amgueddfa Cymru ac Arweinydd
Project Eglwys Sant Teilo.

Thomas Organ ACR
Hyfforddodd mewn cadwraeth murluniau
canoloesol yn Eglwys Gadeiriol Caergaint cyn
astudio cadwraeth murluniau yn yr Eidal. Ers
1991, bu'n rhedeg y *Wall Paintings Workshop* –
tîm annibynnol o gadwraethwyr ac
ymgynghorwyr cadwriaethol.

Y Parch. Anthony J. Parkinson MA, FSA
Cyn-Ymchwiliwr i'r Comisiwn Brenhinol ar
Henebion Cymru, yn gyfrifol am gofnodi
adeiladau hanesyddol dan fygythiad, ac am
gychwyn cronfa ddata'r Comisiwn o furluniau
mewn eglwysi.

Mark Redknap BA, PhD, MIFA, FSA
Graddiodd o Sefydliad Archeoleg Prifysgol
Llundain. Gyda John M. Lewis, yn gydawdur
cyfrol gyntaf y *Corpus of Early Medieval
Inscribed Stones and Stone Sculpture in Wales*.
Curadur Archeoleg Canoloesol a Diweddarach,
Amgueddfa Cymru.

Andrew Renton BA, PGCE, AMA
Hyfforddodd fel clasurydd ym Mhrifysgol
Rhydychen a bu'n dysgu am flynyddoedd lawer
cyn dod yn guradur yn Amgueddfeydd
Cenedlaethol Lerpwl ym 1993. Pennaeth Celf
Gymhwysol, Amgueddfa Cymru, yn gyfrifol am y
casgliadau serameg, arian a chelf gymhwysol
arall o'r Dadeni hyd y dydd heddiw.

Y Parch. John Walters
Ficer Llandeilo Tal-y-bont ers 1983; ceidw'r
plwyf ei enw hynafol, er ei fod wedi ei ganoli yn
awr yn bennaf ar dref Pontarddulais, gyda dwy
eglwys Sant Teilo a Sant Mihangel.

David Watkinson MSc, FIIC, ACR, FSA
Wedi graddio mewn cadwraeth yng Ngholeg y
Brifysgol, Llundain a Phrifysgol Caerdydd. Ar
hyn o bryd yn Ddarllenydd mewn Cadwraeth ym
Mhrifysgol Caerdydd, ac yn gyfrifol am y cyrsiau
BSc ac MSc mewn cadwraeth arteffactau a gofal
am gasgliadau.

Eurwyn Wiliam MA, PhD, FSA
Graddiodd mewn archeoleg ym Mhrifysgol
Caerdydd a phensaernïaeth draddodiadol ym
Mhrifysgol Manceinion. Cyfarwyddwr Casgliadau
ac Ymchwil a Dirprwy Gyfarwyddwr Cyffredinol,
Amgueddfa Cymru.

Cyfeiriadau

Darllen pellach

Binski, Paul *Medieval Craftsmen: painters*, British Museum Press (1991)

Cartwright, Jane (ed.) *Celtic Hagiography and Saints' Cults*, Gwasg Prifysgol Cymru (2003)

Cartwright, Jane *Y Forwyn Fair, Santesau a Lleianod*, Gwasg Prifysgol Cymru (1999)

Child, Mark *Discovering Church Architecture: a glossary of terms*, Shire Publications (1984)

Child, Mark *Discovering Churches and Churchyards*, Shire Publications (2007)

Coldstream, Nicola *Medieval Craftsmen: masons and sculptors*, British Museum Press (1991)

Coldstream, Nicola Builders & Decorators: *Medieval craftsmen in Wales*, Cadw Publications (2008)

Duffy, Eamon *The Stripping of the Altars: traditional religion in England 1400-1580*, Yale University Press (1992)

Evans, E. Lewis (gol.) *Hanes Pontarddulais*, Gwasg Gomer (1949)

Gray, Madeleine *Images of Piety: the iconography of traditional religion in late medieval Wales*, Archaeopress (2001)

Hislop, Malcolm *Medieval Masons*, Shire Publications (2000)

Holmes, George (ed.) *The Oxford Illustrated History of Medieval Europe*, Oxford University Press (2001)

Hughes, T.J. *Wales's Best One Hundred Churches*, Seren (2006)

Jenkins, Simon *Wales: churches, houses, castles*, Penguin (2008)

Jones, John Gwynfor *Crefydd a chymdeithas – astudiaethau ar hanes y ffydd Brotestannaidd yng Nghymru c.1559-1750*, Gwasg Prifysgol Cymru (2007)

Lord, Peter *Diwylliant gweledol Cymru: gweledigaeth yr oesoedd canol*, Gwasg Prifysgol Cymru (2003)

Marks, Richard *Stained Glass in England during the Middle Ages*, Routledge (1993)

Parry, Edgar W. *Eglwysi Cymru a'u trysorau*, Gwasg Carreg Gwalch (2002)

Price, D. T. W. *Hanes yr Eglwys yng Nghymru yn yr ugeinfed ganrif*, Cyhoeddiadau'r Eglwys yng Nghymru (1990)

Robinson, John M. *Treasures of the English Churches*, Sinclair-Stevenson (1995)

Robinson, David M. *The Cistercians in Wales: architecture and archaeology 1130-1540*, Oxbow Books (2006)

Rosewell, Roger *Medieval Wall Paintings in English and Welsh Churches*, The Boydell Press (2008)

Rouse, E. Clive *Medieval Wall Paintings*, Shire Publications (1991)

Walker, David (ed.) *A History of the Church in Wales*, Church in Wales Publications (1976)

Walker, David *Medieval Wales*, Cambridge University Press (1990)

Wheeler, Richard *Medieval Church Screens of the Southern Marches*, Logaston Press (2006)

Williams, David H. *The Welsh Cistercians*, Gracewing (2001)

Williams, Glanmor *Renewal and Reformation – Wales c.1415-1642*, Oxford University Press (1987)

Williams, Glanmor *Wales and the Reformation*, Gwasg Prifysgol Cymru (1997)

Williams, Glanmor; Jacob, William; Yates, Nigel; Knight, Frances *The Welsh Church from Reformation to Disestablishment 1603-1920*, Gwasg Prifysgol Cymru (2007)

Geirfa

Ambari
Cilfach ym mur eglwys lle cedwir y llestri cysegredig

Bwl y Pab
Siarter a gyhoeddir gan bab. Daw'r term 'bwl' o 'bulla', sef y sêl fetel oedd yn cael ei glymu trwy holltau yn y ddogfen

Cangell
Y rhan o'r eglwys sydd i'r dwyrain o'r prif gorff, lle mae'r brif allor. Mae'n aml wedi ei wahanu gan sgrin, ac weithiau fe'i hadwaenir fel y cysegr neu'r côr.

Corbel
Blocyn sy'n ymwthio allan o wal i gynnal elfennau megis bwâu, trawstiau neu gerfluniau.

Corff
Prif gorff yr eglwys, i'r gorllewin o'r gangell (gweler uchod).

Llinell datwm
Llinell lorweddol neu fertigol a dynnir trwy neu o gwmpas adeilad, ac a ddefnyddir wedyn fel cyfeirnod canolog i gymryd mesuriadau fertigol a llorweddol.

Mwnt a beili
Tomen bridd yw'r mwnt lle byddid wedi codi castell bychan canoloesol. Lloc sydd gerllaw, ond gyda ffiniau ar wahân, yw'r beili.

Pwtlog
Rhannau llorweddol, neu drawstiau sgaffaldiau. Tyllau pwtlog yw'r tyllau bychain sgwâr sy'n cael eu ffurfio mewn waliau cerrig, lle byddid yn gosod ac yn cysylltu'r trawstiau.

Siantrïau
Capeli wedi eu noddi yn breifat mewn eglwysi, lle byddai'r offeiriad yn offrymu gweddïau dros yr ymadawedig.

Taradr
Ebill llaw a ddefnyddid i dyllu'n unionsyth i'r ddaear er mwyn tynnu samplau o waddod neu graig.

Transept
Estyniad i eglwys, i'r de a/neu y gogledd, yn aml yn ffurfio cynllun ar lun croes.

Y Grog
Delw gerfiedig o Grist ar y groes.

Ysbïendwll
Twll wedi ei dorri trwy wal fel bod modd gweld y brif allor o ran arall o'r eglwys.

Cynllun o'r eglwys

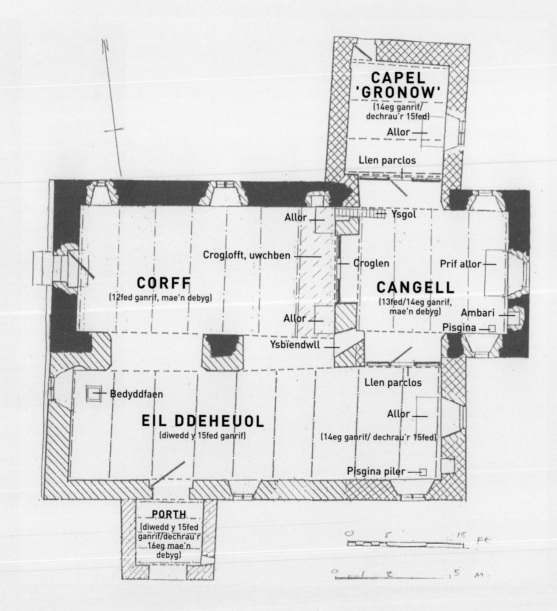

CAPEL 'GRONOW'
(14eg ganrif/ dechrau'r 15fed)

Allor

Llen parclos

Allor — Ysgol

Croglofft, uwchben — Croglen — Prif allor

CORFF
(12fed ganrif, mae'n debyg)

CANGELL
(13fed/14eg ganrif, mae'n debyg)

Ambari
Pisgina

Allor —

Ysbïendwll

Llen parclos

Bedyddfaen

Allor

EIL DDEHEUOL
(diwedd y 15fed ganrif)

(14eg ganrif/ dechrau'r 15fed)

Pisgina piler

PORTH
(diwedd y 15fed ganrif/dechrau'r 16eg mae'n debyg)

0   5   15 Ft

0   2   5 M.

Eglwysi Sant Teilo yn ne Cymru

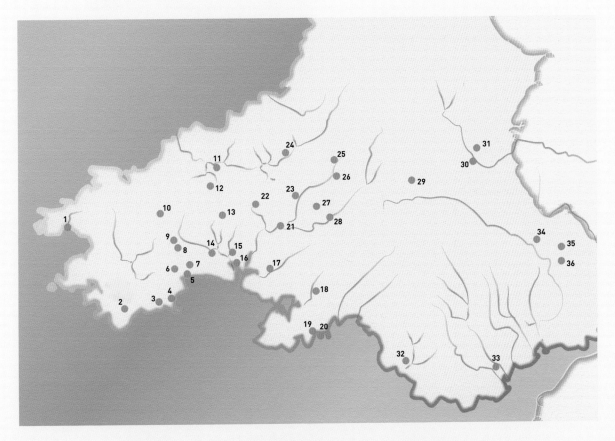

1. Llaneilfyw
2. Ystagbwll
3. *Eglwys Guinniou*
4. Penalun
5. Amroth
6. Yr Eglwys Lwyd
7. Cronwern
8. Crynwedd
9. Llandeilo Llwyn Gaidan
10. Llandeilo Llwydarth
11. Maenordeifi
12. Cilrhedyn
13. Trelech
14. Llanddowror
15. Llandeilo Abercywyn
16. Llandeilo Pentywyn
17. Capel Teilo
18. Llandeilo Tal-y-bont
19. Llandeilo Ferwallt
20. Caswell
21. Llandeilo Rhwnws
22. Llanpumsaint
23. Brechfa
24. Llanfechan
25. Caeo
26. Capel Teilo
27. Ffynnon Teilo
28. Llandeilo Fawr
29. Llandeilo'r Fan
30. Crucadarn
31. Llandeilo Graban
32. Merthyr Mawr
33. Llandaf
34. Llandeilo Pertholey
35. Llandeilo Gresynni
36. Llan-arth

Lleoedd a gyfeiryr atynt yn y llyfr

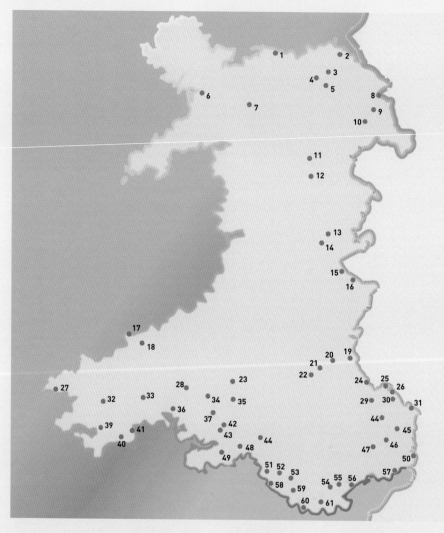